4차 산업혁명
시대를
대비하는

꿈꾸는
미래
진로독서 ❶

꿈꾸는 미래 진로독서 1

초판 1쇄 발행 ∣ 2017년 4월 10일
초판 2쇄 발행 ∣ 2021년 12월 31일

지 은 이 ∣ 김주상 · 임영규 · 강범희 · 김동기 · 신윤경 · 이찬민 지음
펴 낸 이 ∣ 정봉선
본 부 장 ∣ 심재진
펴 낸 곳 ∣ 정인출판사

주   소 ∣ 경기도 하남시 조정대로45 미사센텀비즈 F749
전   화 ∣ (031)795–1335
팩   스 ∣ (02)925–1334
홈페이지 ∣ www.pjbook.com
이 메 일 ∣ junginbook@naver.com

등   록 ∣ 제2020–000038호
ISBN   ∣ 978–89–94273–80–8 (43370)

* 책값은 뒤표지에 있습니다.

* 이 책에서 인용한 책들과 이미지의 원저작자와 출판사의 사전 이용 허락을 얻지 못한 점 양해 부탁드립니다.
  추후에라도 저작권과 관련한 문의를 주시면 성실히 응하겠습니다.

4차 산업혁명 시대를 대비하는

꿈꾸는 미래 진로독서 ①

김주상 · 임영규 · 강범희

김동기 · 신윤경 · 이찬민 지음

정인출판사

목 차

책과 함께 시작하는 새로운 비상

1. 책 속에 있는 길을 찾아서

책을 읽는다는 것은 이미 자신의 삶과 연계 되어있는 진로탐색 행위일 것입니다. 자신의 삶을 의미 있고 성공으로 가꾸며 행복한 삶을 사는 사람들은 이렇게 말하곤 합니다. "내 인생을 바꾼 한 권의 책이 있었고, 그 책 속에서 길을 찾게 되었다" 라고.

〈내 인생을 바꾼 한 권의 책〉을 보면 동기부여 연설가이자 작가인 찰스 존스도 "두 가지에서 영향 받지 않는다면 우리 인생은 5년이 지나도 지금과 똑같을 것이다. 그 두 가지란 우리가 만나는 사람과 읽는 책이다." 라고 말했습니다. 책 속 48명 저자들의 주요 메시지 또한 책이 자신의 인생을 바꾸는 계기와 동기가 되었다고 말합니다. 삶 속에서 접하는 여러 환경적인 요인들이나 여러 다양한 매체들, 여행, 멘토와의 만남, 기타 요인으로도 인생의 변화를 가져올 수 있겠지만, 독서를 통한 변화의 전환점은 일시적인 것이 아니고 지속적이며 일관성과 진정성을 담보하고 있다고 말할 수 있습니다.

독서를 한다는 것은 삶 읽기 과정입니다. 텍스트를 읽어낸다는 것은 독자 스스로 내적 사고나 내면을 향한 자기성찰을 병행하는 것입니다. 독자는 책을 통해 삶의 맥락 속에서 다양한 텍스트를 통해 실제 경험 해 보지 못한 현상들을 간접적으로 체험하고 작가가 작품을 통해 설정한 삶의 모습들을 탐색하며 책을 통한 의사소통을 합니다. 청소년 독자들에게 있어서 진로관련 독서활동은 긍정적 자아정체감을 형성시켜주고 책 속 다양한 삶의 경험들을 통해 적극적인 진로탐색이 가능하도록 도움을 줍니다.

구글 선정 세계 최고의 미래학자이며 미래학 싱크탱크 다빈치 연구소 장인 토마스 프레이는 2030년까지 20억 개의 일자리가 사라지고, 더 이상 예측할 수 없는 미래가 온다고 말합니다. 이러한 미래 사회의 변화에 학생들이 능동적으로 대응하기 위한 진로교육이 필요합니다. 학생들은 다가오는 사회에 적응하고 자신의 삶을 주도적으로 이끌어 갈 수 있는 다양하고 새로운 발상전환이 가능한 사고력 증진이 필요합니다. 이를 위해 진로정보를 통한 진로탐색 활동이 활발하게 이루어져야 합니다. 그 중 독서를 기반으로 한 자기이해와 진로와 관련된 내용을 다루는 독서를 통한 자기 주도적 진로탐색이 우선되어야 할 것입니다.

진로독서는 자기성찰, 직업세계의 이해, 진로탐색, 자기주도적 진로디자인 및 직업 준비 등에 직·간접적으로 많은 도움을 줍니다. 진로는 변화하는 불확실한 세계와 불안정한 미래를 대비해서 전공이나 일을 통해 삶의 방식을 결정하고 만들어 가는 과정입니다. 2015 개정 교육과정은 현행 교육과정(2009 개정 교육과정)이 추구하는 인간상을 기초로 하여 사회가 요구하는 핵심역량을 갖춘 '창의융합형 인재'상을 제시하고 있습니다. 창의융합형 인재는 인문학적 상상력과 과학기술 창조력을 갖추고 바른 인성을 겸비하여 새로운 지식을 창조하고 다양한 지식을 융합하여 새로운 가치를 창출할 수 있는 사람을 말합니다.

곧 다가올 미래는 우리가 지금까지 지내왔던 삶의 방식들이 기술 혁명을 통해 근본적으로 바뀌게 되는 제4차 산업혁명 시대입니다. 4차 산업혁명은 미래의 일이 아니라 지금도 우리의 생각보다 훨씬 빠르게 생활 곳곳에 뿌리 내리고 있습니다. 인공지능, 로봇공학, 사물인터넷을 필두로 자율주행차량, 3D프린팅, 나노기술, 바이오기술 등 4차 산업혁명을 이끄는 신기술이 점점 보편화되고 있습니다. 이러한 시대 변화 속에서 더욱 중요시 되는 것은 성적이나 학벌중심에서 벗어나 개개인이 가진 역량이 극대화되고 자신의 고유한 특성이 반영되는 진로교육이 되어야합니다. 더불어서 인문학적 소양과 올바른 가치관 형성을 통해 새로운 가치를 창출하는 공동체성을 갖추도록 해야 합니다.

개인의 발전만을 위한 개인적인 한계에서 벗어나 자신이 사회 변화의 주체가 되고 인류사회에 공헌할 수 있는 공동체적 가치관 형성을 위한 책을 통한 진로 교육이 이루어져야 합니다.

2. 진로와 독서의 만남

교육부는 진로교육의 최종목표를 '학생 자신의 진로를 창의적으로 개발하고 지속적으로 발전시켜 성숙한 민주시민으로서 행복한 삶을 살아갈 수 있는 역량개발'이라고 제시하고 있습니다. 인간은 각자 고유한 특성을 지니고 태어납니다. 각자의 고유성은 자신의 창조적인 삶을 영위할 수 있도록 개발되어야 하고, 변화하는 미래 직업 세계에서 새로운 직업을 창조해 낼 수 있는 원동력이 되어야 합니다. 따라서 진로교육은 독서를 통한 진로탐색 활동으로 학생들이 행복한 삶을 영위할 수 있도록 설계되어야 합니다.

100명의 아이들을 한 방향으로 뛰게 하면 1등은 한 명밖에 나오지 않지만, 100명의 아이들을 자신이 뛰고 싶은 방향으로 뛰게 하면 모두가 1등이 될 수 있습니다. 자신의 고유한 특성을 탐색하고 발견하여 각자의 영역을 향해 힘껏 뛰어갈 수 있도록 하는 것이 행복한 미래를 위한 진로교육일 것입니다. 학교 현장의 진로교육은 여전히 상급학교 진로진학에 치우처 있는 것이 현실입니다. 미래 사회의 직업은 다변화, 세분화, 전문화되고 있음에도 불구하고 아직까지 학생들은 자신의 적성과 흥미가 고려되지 않은 진로진학에 얽매여 있습니다. 이는 부모나 학교의 관심과 욕구가 우리 학생들의 행복한 진로 선택에 걸림돌이 되고 있으며, 경제적으로 안정적인 직업군을 선택하도록 강요당하는 현실에 내몰리고 있기 때문입니다. 이러한 문제점은 자신의 고유한 특성을 살릴 수 없는 경쟁적 구조의 학교 교육 현실이 초래한 결과로도 볼 수 있습니다.

모든 학교급별 진로교육의 목표는 자기이해, 일과 직업세계의 이해, 진로탐색, 진로디자인과 준비입니다. 이러한 네 가지 핵심영역을 학습하면서 꿈과 끼를 마음껏 발산하며 미래 사회에 대응하는 진로교육이 되어야 우리 학생들이 미래 사회의 행복한 주인공이 될 수 있을 것입니다.

진로교육은 일반적으로 자기이해, 일과 직업 세계의 이해, 진로 탐색, 진로 디자인과 준비의 단계로 진행되고 있으며, 각 단계마다 도서를 연계한 진로독서 교육은 진로교육이 실제적이고 지속적으로 진행되도록 하는 데 도움을 줍니다. 이러한 진로독서 프로그램은 적절한 진로연계 도서목록을 제시할 수 있어야 효과적으로 전개할 수 있습니다.

진로독서 교육은 진로교육을 이행하기 위한 자기이해, 직업세계의 이해, 진로정보의 탐색, 진로 준비 및 계획 등을 위한 내용으로 구성된 독서자료의 선정이 중요합니다. 따라서 진로독서 교육은 진로교육의 지도 내용을 담고 있는 도서를 통해 진로교육의 목적을 달성하기 위한 진로와 독서와의 만남이라고 할 수 있습니다.

진로독서의 대상도서는 진로교육 목표와 성취기준인 자기이해, 일과 직업세계의 이해, 진로탐색, 그리고 진로 디자인과 준비의 4개 핵심 영역을 다루는 진로관련 도서를 말합니다.

진로 비전도서는 책을 읽어가면서 진로교육의 출발인 자기 이해와 자기 발견 즉, 자아정체감, 자아존중감 등 자신의 고유한 특성을 이해하고 발견할 수 있는 독후활동이 가능한 도서를 말합니다. 독자의 시각에서 책과 소통하면서 '나'를 이해하고 직업의 가치관 및 자아정체성을 발견할 수 있으며, 나아가 직업 멘토들의 이야기를 직·간접적으로 체험하여 자신의 진로에 대한 비전과 직업의 가치와 비전을 발견할 수 있도록 돕는 도서를 말합니다.

1) 책 속 인물의 삶을 통해 꿈과 비전을 찾을 수 있는 도서
2) 자기 이해와 자신의 고유한 특성을 찾아 갈 수 있는 도서
3) 책을 통해 직업의 의미, 직업 가치관으로 수렴, 확산이 가능한 도서
4) 직업 멘토의 이야기를 통해 진로에 대한 내적동기를 강화할 수 있는 도서

진로 탐색도서는 다양하고 방대한 직업에 대한 정보를 텍스트로 담고 있는 책을 읽으며 자신의 진로에 대한 진로 로드맵을 위한 독후활동이 가능한 도서를 말합니다. 진로 탐색도서는 직업 세계에 대한 이해와 직업 준비과정들이 포함된 진로진학 정보 및 직업정보에 대한 내용들을 다루는 독서 자료를 말합니다.

1) 진로에 필요한 다양한 정보를 다룬 도서
2) 직업정보 탐색 및 분석이 가능한 도서
3) 다양한 직업세계와 미래 직업세계의 전망이 가능한 도서
4) 진로진학 관련 정보를 내용으로 담고 있는 도서

3. 꿈꾸는 미래 진로독서 이야기

　학교 독서교육은 교양독서, 교과독서, 진로독서의 세 영역으로 구성할 수 있습니다. 교양독서는 교과와 특별한 관련이 없으나 학생들의 정서 함양 및 지적 만족을 위한 독서를 말하고, 교과독서는 국어 · 수학 · 사회 · 과학 · 예술 등의 교과교육과 관련되는 내용의 독서를 말합니다. 그리고 진로독서는 학생의 흥미, 적성, 소질, 진로 탐색을 위한 독서를 의미합니다.

　앞으로 독서교육을 활성화하고, 도서관 활용 독서교육과 교과연계 독서교육이 정착되기 위해서는 위 세 영역의 독서교육이 자리 잡아야 합니다. 그리고 학생들의 꿈과 끼를 키우는 독서교육을 위해서도 진로독서를 포함한 독서교육의 인식 전환이 필요합니다. 우리 아이들이 행복하게 미래를 설계하도록 돕고 글로벌 시대를 대비하는 미래 인재로 육성하기 위해서도 진로독서는 더욱 중요합니다.

　독서교육의 영역을 교양독서, 교과독서, 진로독서의 세 영역으로 구분하고 특성화하는 것은 고등학교뿐만이 아니라 초등과 중학의 모든 학교 독서교육 활성화에도 적용 가능하다고 봅니다. 그러나 학생의 발달과 학교급의 차이를 고려하여 초등학교에서는 교양독서를 강조하고 중학교에서는 교과독서를, 그리고 고등학교에서는 진로독서를 강조할 수도 있습니다.

　최근 진로독서가 교육계의 새로운 화두로 떠오르고 있습니다. 우리 (사)전국독서새물결모임에서도 초/중/고 모든 학교 학생들에게 필요한 〈진로독서 가이드북〉을 연구 · 개발 · 출판하여 학위논문 등에 인용되는 등 좋은 반응을 받은 바 있습니다. 한국표준직업분류와 국제분류기준을 반영하여 세세분류 1,206가지 중, 52개의 중분류를 기준으로 각 직업군을 분류하고, 교육과정의 교과정보에 맞춰 학생들의 발달 단계에 적절한 책을 선정하였습니다. 그리고 진로토론 등 진로에 대한 다양한 발문을 개발하여 진로교육을 돕는 책으로 개발하였습니다.

이어 〈진로독서 워크북〉을 출판, 자유학기제에 대비한 진로독서교육 프로그램을 개발하여 대한민국 각급학교 진로교육에 크게 기여하였습니다. 진로독서 워크북은 크게 9개 직업군으로 구성되었습니다. 각 직업군은 스스로 알아보는 진로지수로 시작하여 직업군에 따른 진로도서 3권에 대해 각각의 독서 활동을 워크북 형태로 다양하게 수록하였습니다. 특히 (사)전국독서새물결모임에서 개발한 이야기식 독서토론의 진행 방식을 원용하여 1단계는 배경지식에 관한 발문을, 2단계는 책 속에서 독후 활동을 겸한 진로 찾기 발문을, 3단계에서는 책 밖에서 진로 찾기 발문을 순서대로 수록하였습니다. 각 직업군별로 세 권의 독서를 통한 진로 찾기를 끝내면, 마지막 단계는 인터뷰와 현장 체험 등의 진로 탐색 활동을 체험해 볼 수 있는 자료를 수록하였습니다. 직업군별로 3권의 책이 소개되었으며 그 중 학생이 원하고 선생님이 필요하다고 생각되는 1권의 책을 선정하여 그 책을 중심으로 활용 할 수도 있습니다. 직업군 선택 역시 현재 학생이 원하는 직업군이면 더없이 좋을 것이고 희망하는 직업군은 아니지만 관심이 있는 학생이라도 같은 직업군의 모둠원이 되어 진로독서 활동을 하다보면 그 직업에 대해 깊이 이해하게 되고 더 적극적으로 직업을 탐색해 보는 기회를 갖게 될 것입니다.

이번에 마지막 단계로 〈진로독서 단행본〉 시리즈를 발행하게 되었습니다. 〈진로독서 가이드북〉을 통해 직업군별 도서를 개발하고 〈진로독서 워크북〉에서 제시한 대상 도서를 통해 진로와 직업을 탐구하는 개별 활동을 지원하였습니다. 이제 〈진로독서 단행본〉을 시리즈로 개발하여 우리 아이들이 살아갈 미래를 대비하는 재미있고 행복한 책을 만들고자 하였습니다.

행복한 미래를 위한 〈진로독서 단행본〉 시리즈는 먼저 〈진로독서 가이드북〉에서 언급된 직업군 중에서 우리 자녀들이 살아갈 20-30년 후의 미래 사회에 필요한 미래 직업군을 추출하였습니다. 그 후, 미래 직업군별로 알맞은 책을 선정하는 작업을 실시하였습니다. 이 과정이 이번 출판 연구 활동의 고비였습니다. 미래 직업이다 보니 관련 도서가 많지 않고 아예 관련 도서가 없는 직업군도 있었습니다. 그래서 미래 직업군별로 3권의 도서를 선정하기도 하고 때로 2권의 도서와 1개의 매체 자료를 통해 미래 직업을 탐색하는 과정을 독서활동을 통해 가능하게 기획하였습니다. 이러한 진로독서 활동을 통해 관련 진로탐색 활동이 좀 더 구체적이고 연중 지속 가능하게 하였습니다. 특히 2015 개정 교육과정의 핵심역량을 발문 유형으로 제시하여 창의융합 교육이 가능하며, 진로독서 교육이 실제적으로 교육현장에서 가능하도록 디자인하여 출판하였습니다.

이번에 발간하는 <꿈꾸는 미래 진로독서>는 미래의 직업 이야기를 중심으로 아래와 같이 디자인하여 구성하였습니다.

1. '재미있는 직업이야기'에서 직업 노크하기는 직업정보의 구성으로 관련 매체와 자료를 활용한 직업에 관한 기본적인 정보 읽기로 구성하였습니다.
2. '누구에게 어울릴까?'에서는 흥미와 적성, 현황 및 전망에 대한 내용으로 구성하였습니다.
3. '진로독서 함께 해요'에서 진로독서 활동의 구성은 두 권의 직업군 관련 도서를 활용한 독후활동으로 교육과정 연계 독서활동, 3단계 이야기식 진로독서 활동, 진로독서 토론, 진로독서 논술로 구성하였으며 세 번째 독서활동 자료로는 교과서 및 관련 매체 활용 읽기자료를 읽고 생각해 볼 수 있는 내용으로 구성하였습니다.

1) 교육과정 연계 독서활동으로는 자기관리 역량, 지식정보처리 역량, 창의적 사고 역량, 심미적 감성 역량, 의사소통 역량, 공동체 역량 함양
2) 3단계 이야기식 진로독서활동으로는 배경지식으로 찾아보기, 책 속에서 진로 찾기, 책 밖에서 진로 찾기
3) 진로독서 토론으로는 해당 직업관이나 진로관련 주제를 가지고 찬반의 토론지를 작성하고 토론하기
4) 진로독서 논술로는 직업 가치관이나 진로관련 주제나 논제를 제시하여 깊이 있는 논의 전개하기

4. '미래를 여는 진로탐색'에서는 직업 옆에 직업이 존재하듯이 4개 정도의 유사 직업군에 관한 직업정보를 안내하고 있으며, 관련 단체 및 기관을 소개하여 직업정보에 대한 폭넓은 접근 기회를 제공하고 있습니다.

진로독서는 자신의 흥미와 적성은 무엇인지? 무엇을 하고 싶어 하는지? 또 무엇을 잘하는지? 잘 알고 있는 것과 모르는 것은 무엇인지? 책을 통해 알게 되고 깊이 있게 자신에 대해서 성찰할 수 있는 자기 주도적 의사소통 행위입니다.

몇 년 전 지방의 작은 중학교에서 진로독서 프로그램을 진행할 때의 일입니다. 중학교 1학생 남학생 그룹들은 늘 체육복을 입고 다녔고 교복을 제대로 입은 모습은 1년이 다가도록 보지 못했던 학생들이 있었습니다. 그 학생들은 홀랜드 유형에서 현실형 유형의 학생들이었고, 책은 초등학교 때도 제대로 읽어본 경험이 없던 학생들이었습니다. 그런데 자신들의 진로와 직업군과 관련된 책을 선정해서 읽도록 했을 때에는 놀라운 일

이 일어났습니다. 지금까지 만화책을 제외하고 끝까지 책을 읽어본 적이 없었다고 말하며 관련된 책들을 도서관에서 읽기 시작하였습니다. 이렇듯 자신의 흥미와 적성에 맞는 도서를 선택하여 읽고 관심 있는 멘토를 책을 통해서 만나고, 자신이 꿈꾸는 미래의 직업 정보에 대한 정보도 책을 통해서 알게 되었습니다.

진로독서는 자기이해와 자기효능감, 직업정보, 직업인 특강, 직업체험, 진로상담 등과 관련한 많은 프로그램들이 독서를 통해 개발되어 진행되고 있습니다. 진로독서 탐색활동은 자기 자신에 대한 이해를 극대화할 수 있는 가장 큰 장점이 있습니다. 자기성찰과 자신의 고유한 특성을 찾을 수 있는 진로독서활동이 활성화 된다면 학생들은 자신의 흥미와 관심에 집중하는 진로독서 탐색행위로 발전할 것입니다. 진로독서를 통한 진로교육은 학생들에게 책을 통한 진로탐색 활동으로 자기 주도적인 행복한 삶을 영위할 수 있도록 도와줄 것입니다.

멀지않은 미래에 자신의 진로에 도움을 주었고, 지금의 자신이 있을 수 있었던 동기가 되어준 한권의 책을 찾을 수 있기를 진심으로 바랍니다.

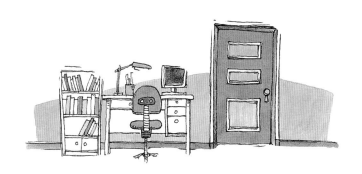

1장

사물인터넷 전문가

사물인터넷 전문가는

우리 주변의 모든 사물을 인터넷에 연결하여,
사물이 가진 원래의 기능을 향상시키는 직업이다.

직업 노크하기

약병이 말을 해요.

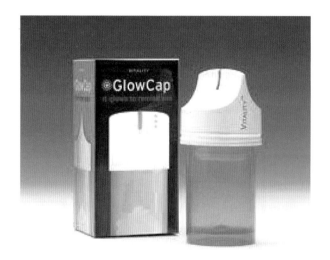

출처 : Bing images

매년 늘어나고 있는 당뇨병 환자는 매일 규칙적으로 정해진 시간에 혈당 약을 먹어야 한다. 약 먹을 시간을 놓치면 혈당이 조절되지 않아 위험해지기 때문이다. 평소 약을 먹는 것에 익숙하지 않던 사람들은 약 먹는 시간을 놓치기 쉽다. 이러한 사람들을 위한 약병이 출시되었다.

이와 같은 약병은 꼭 질병 치료가 필요한 환자에게만 필요한 것이 아니다. 단순히 건강을 위하여 비타민·단백질 등 보조식품을 섭취하는 사람들에게도 필요한 것이다. 바쁜 현대인들은 일상에 쫓겨 건강 제품 복용 시간을 잊는 일이 다반사이다. 또한 평균 수명이 늘어나면서 노년층이 증가하고, 이들을 보살피기 위한 요양 시설 및 서비스도 늘어나고 있는 추세이다. 여러 가지 약을 시간에 맞추어 챙겨 먹어야 하는 노인들이 늘어나고 있다. 이때 노인들이 시간을 맞추어서 약을 먹기 쉽지 않다. 미국 바이탈리티 사의 'GlowCap'은 지능형 약병으로 사물인터넷을 적용한 제품이다. GlowCap은 나이가 많은 환자들이 정해진 시간에 잊지 않고 약을 먹을 수 있게 도와준다. 이 약병은 약 먹을 시간이 되면 약병 뚜껑의 램프가 켜짐과 동시에 소리를 낸다. 약을 먹기 위해 약병을 열면 무선망을 통해 정보를 Vitality사의 서버로 전송한다. 이와 달리 만약 약 먹을 시간이 지났는데도 불구하고 약병의 뚜껑이 열리지 않으면 사용자에게 전화나 SNS로 이것을 알려준다. 또한 'GlowCap'은 환자에게 약병에 약이 떨어진 것도 알려준다. 그리고 복약 기록이 매주 이메일로 환자에게 통보되며, 환자가 원하면 가족 구성원이나 보호자에게도 통보 된다.

(출처 : http://www.vitality.net)

사람이 사물에게서 정보를 얻는 시대가 온 것이다. 약병이 인간에게 말을 하는 것이다. 이제 사물인터넷 전문가는 무엇을 하는 사람인지 알아보자.

위의 네모 상자에는 알람시계, 우산, 기차 등 석 장의 사진이 있다. 이 사물들은 각각 인터넷과 연결되어 있다. 알람시계는 정해진 시간을 알려주는 기능을 갖고 있다. 어떤 사람이 10시에 출발하는 기차를 타기 위하여 9시에 알람시계를 맞추었다고 가정해보자. 그런데 이 알람시계, 기차, 우산은 서로 인터넷으로 연결되어 있다. 폭우가 내려 기차가 30분 연착이 된다. 사람은 모르고 있지만 알람시계는 기차가 연착되는 것을 알고, 시간을 스스로 교정하여 9시 30분에 알람을 울린다. 집에 있던 우산은 비가 오는 것을 알고 소리를 내어 기차역으로 가는 사람에게 우산을 쓰고 가도록 한다. 이렇게 기차나 우산, 알람시계는 다른 사물이나 환경의 정보를 이용하여 본래 자신이 맡은 임무보다 더 똑똑한 일을 할 수 있어 그 사물들의 가치를 높여주고, 이런 사물을 이용하는 사람들을 편리하게 한다.

위의 예에서 볼 수 있듯이 사물인터넷(IoT)전문가란 우산, 기차, 알람시계 등의 사물에 컴퓨터 칩과 통신 기능을 내장해 인터넷에 연결하는 기술자를 말한다. 사물에 칩을 부착하고, 네트워크에 연결하고, 새로운 기능을 만들기 위해서는 여러 단계가 필요하다. 그러므로 지금은 사물인터넷 전문가라고 묶어서 말하지만, 사물을 인터넷에 연결하는 단계에 따라 그 직업이 세분화될 것이다. 세분화된 직업으로는 사물인터넷 시스템 개발자, 사물인터넷 네트워킹 기술자, 사물인터넷 정보처리 기술자, 사물인터넷 보안 전문가 등이다. 이것을 세분하여 살펴보자.

첫째, 사물 인터넷 시스템 개발자는 한마디로 센싱 기술자라 할 수 있다. 센싱이란 각각의 사물에 센서를 부착하여 인터넷에 연결하여 상호간 정보를 주고받는 기술이다. 센싱 기술은 현재 실제로 쓰이고 있는 종류가 500여종이라고 한다. 앞으로는 2만 여종의 센서가 개발될 수 있다고 한다. 이것은 지금도 신소재가 계속 개발되고 있으며, 신소재에 맞는 연구개발 성과라고 생각한다.

둘째, 사물인터넷 네트워킹기술자는 사물의 인터넷 연결과 유지, 보수와 관련된 직업이다. 2000년대 후반까지만 하더라도 PC에 윈도우를 설치하여 유선 인터넷망으로 회사업무나 게임, 쇼핑 등 각종 작업을 해왔다. 이어 무선 전화기가 소개된 이후 3G/4G, LTE 등 무선 네트워크를 통하여 위의 작업을 수행해 왔다. 앞으로는 PC나 무선전화만이 아닌 우리 주변의 모든 사물이 네트워크와 연결된다. 이때 네트워크를 원활하게 하는 기술자를 말한다.

셋째, 사물인터넷의 구성에서는 정보처리가 중요하다. 각종 사물이 수

집한 정보는 인터넷으로 연결되어 궁극적으로 소비자의 요구와 기대에 맞게 처리된다. 이 정보처리는 대부분 소프트웨어 기술로 이루어져 있다. 정보처리만이 아니라 각 사물에 부착되는 모듈, 칩셋, 임베디드 소프트웨어와 같은 장치도 마찬가지이다. 또한 네트워킹을 위해 사용하는 트래픽 처리, 무선통신 기술, 데이터베이스, 클라우드 서비스 등도 대부분 소프트웨어로 처리되는데 이와 관련한 각종 기술을 해결하는 직업을 사물인터넷 정보처리 기술자라 할 수 있다.

마지막으로 사물인터넷 보안전문가이다. 사물인터넷은 모든 사물이 네트워크로 연결되어 사물간 통신을 하게 되는 서비스이다. 데이터 수집과 통신과정에서 예측할 수 없는 많은 위험이 도사리고 있다. 이러한 과정에 반드시 보안관련 기술자가 필요하다. 보안 관련 기술에는 각 사물에 보안칩을 탑재하는 방법과 네트워크 접속 및 운영 환경에 보안 게이트를 설치하는 방법 등이 있다.

사물인터넷은 사물 그 자체이면서 네트워크상의 과정이라고 말할 수 있다. 그렇기 때문에 사물인터넷 전문가란 사물을 만드는 제조업자, IT 담당자, 유통시키는 사람들을 말한다. 따라서 예술가와 장인, 디자이너 등 개발자, 통신기술자, 운영 엔지니어 등 사물을 인터넷 생태계에 연결하는 모든 사람을 일컫는 말이다.

미래창조과학부 발표에 따르면, 국내 사물인터넷 시장은 2016년 5조 3,000억원에서 2025년 17조원 규모로 성장한다고 한다. 또한 사물인터넷 시장의 일자리는 약 12만 7천여 개가 만들어질 것이라고 전망했다. 각 단계마다 사물 인터넷 전문가에게 요구되는 기술이 다르며, 자기가 원하는 단계에 취업하기 위해서는 각 단계에 맞는 기술이 필요하다.

센싱 기술은 사물인터넷 기기의 감각기관이라고 할 수 있다. 센서는 사물에 전해지는 물리적, 화학적, 환경적인 정보를 전자신호로 변환시켜 네트워크를 통해 다른 사물이나 사람에게 전달하는 역할을 한다. 이 센서를 통해 들어온 데이터를 자체적으로 처리하여 자가진단, 자동보정의 기능을 내장하고 있다. 센서에는 광센서, 초음파 센서, 압력센서, 온도센서, 생체센서 등 그 종류가 다양하다. 이러한 다양한 센서를 제조하기 위해서는 센서를 만드는 원료에 대한 이해가 필요하다. 금속학, 전자공학, 물리학, 재료공학 등의 학문이 그것이다. 또한 반도체 집적기술, 소형화 기술, 지능화, 회로학 등의 전문기술이 필요하다. 전기공학이나 전자공학은 물론 전자 계측 기술, 반도체 장비연구 개발, 자동화설비 연구 개발 기술 등이 모두 필요하다. 대학에서 관련학과를 나오는 것이 유리하며, 나노학이나 바이오학과 등도 이 분야에 취업할 수 있다. 현재 센싱 기술에는 원격감지, 레이더, 모션, 영상 센서 등이 있는데, 이것을 각 사물에 부착하여, 기능을 발휘하게 하는가는 사물인터넷 전문가의 창의적인 노력여하에 달려 있다.

네트워크 기술은 지리적으로 떨어져 있는 장치(전화기, 팩스, 컴퓨터, 단말기 등) 간에 정보를 교환할 수 있도록 하는 장치이다. 네트워크의 규모에 따라 구내 정보 통신망(LAN), 도시권 통신망(MAN), 광역 통신망(WAN), 세계적 통신망 등으로 분류된다. IOT의 유무선 통신 및 네트워크 장치로는 기존의 WPAN, Wi-Fi, 3G/4G/LTE, Bluetooth, Ethernet, BcN, 위성통신, Microware, 시리얼 통신, PLC 등이 있으며, 이러한 네트워크 기술은 사람 대 사람, 사물 대 사물, 사람 대 사물간 통신에 필요하다. 사물인터넷개발자는 통신회사나 정부의 정보통신 관련 부처의 산하기관에 취업할 수 있다. 관련 자격증으로 정보보호전문가(SIS), 공인정보시스템 감사사(CISA), 정보시스템전문가(CISSP) 등이 있다. 정보통신에 관련된 지식들을 익혀야 되며, 통신공학, 프로그래밍, 소프트웨어 등의 공학계열의 전공을 선택하는 것이 좋다. 컴퓨터공학과, 컴퓨터정보과, 인터넷정보를 전공하는 것이 유리하다. 네트워크관리사는 네트워크 보안기술, 디자인, Traffic 분산기술 등의 실무관리 능력이 있어야 한다.

정보처리 기술은 "정보를 가공하는 공정"이며, 센싱을 통해 들어온 정보를 네트워크를 통하여 전달 받은 뒤 새로운 부가 가치의 정보를 생산한다. 이렇게 생산된 새로운 정보는 특정기능을 수행하는 응용 서비스와 연동하는 역할을 한다. 그렇기 때문에 사물인터넷 전문가는 프로그래밍의 대표인 C언어부터 자바, html, 안드로이드, 임베디드 등의 프로그램 언어를 배우는 것이 좋다. 또한 프로그래밍을 할 때 그 바탕이 되는 운영체제인 리눅스를 알아 두는 것이 편리하다.

02 누구에게 어울릴까

흥미와 적성

사물인터넷전문가란 이제 막 걸음마를 시작한 새로운 직업이다. 정확한 의미조차 규정되어 있지 않다. 그러나 미래지향적이고 도전정신이 필요한 직업이다. 앞으로 가까운 미래에 우리 주변에서 볼 수 있는 대부분의 사물은 인터넷과 연결될 것이다. 도로나 항만 심지어는 농토까지도 예외가 아니다. 특정 개인의 입장에서 보면 자신의 흥미가 어디에 있던 간에 사물인터넷을 떠나서는 살 수 없게 된다. 이제 모든 사물은 사물끼리, 또 사물과 사람 사이가 서로 연결되어 소통할 수 있게 된다.

우리가 일상생활에서 쉽게 접하는 스마트 안경이나 손목시계 같은 웨어러블 기기를 비롯하여 생활필수품인 옷, 신발 등이 상호 의견을 주고받는다고 생각해 보라. 손목시계로 집안의 냉장고에 무엇이 있는지 알아보고, 내 혈압이 얼마인지 알 수 있으며, 필요할 때 자동차 시동을 건다는 상상만으로도 즐거울 것이다. 이와 같은 상황에서 사물인터넷 전문가에게 필요한 것은 창의적인 사고와 참신한 아이디어이다. 주변의 사물을 있는 그대로 보는 것이 아니라 색다르게 보고, 생각하는 힘이 필요하다. 만화나 영화에서 보는 일이 우리 주변에서 실제로 벌어지는 것이다.

이러한 상상력 외에 이 분야에 진출하기 위해서는 컴퓨터, 통신, 전자, 소프트, 제어 계측 공학 등 공학계열 학과를 나오는 것이 유리하다. 각 개인이 상상한 것을 기술을 이용하여 현실화해야 하기 때문이다. 공학 외에는 프로그래밍 언어, 네트워크, 데이터 구조 등을 연구하면 좋을 것이다. 사물인터넷은 제조와 네트워크, 응용기술이 융합된 기술이다. 어떠한 일을 혼자서 처리하기 보다는 팀으로 활동하는 경우가 많을 것이다. 이러한 환경에 적응하기 위해서 사물인터넷 전문가는 대인관계에 친화적일 필요가 있으며, 타인의 의견에 개방적인 너그러운 성격이 좋다. 이외에도 사물인터넷 전문가는 사물인터넷의 취약점인 보안과 관련하여 도덕적이고 인간적인 철학의 소유자가 적응하기 쉬울 것으로 생각된다.

현황 및 전망

2017년 IoT 3대 격전지는?

사물인터넷(IoT) 시장은 2017년에도 폭풍 성장을 이어 갈 것으로 전망된다. 현대경제연구원에 따르면 스마트홈, 스마트시티, 커넥티드카를 주축으로 한 국내 IoT 시장은 2015년 3조3000억원에서 2020년 17조1000억원으로 연평균 38.5% 성장할 것으로 예상된다. 세계 IoT 시장은 2015년 3000억달러에서 2020년까지 1조달러로 연평균 28.8% 성장할 것으로 보인다.

현대경제연구원은 2020년에는 커넥티드카가 보편화될 것으로 내다봤다. 커넥티드카는 자동차에 통신 기능이 장착돼 차량, 인프라, 스마트기기 간 실시간 정보 교류를 통해 안전하고 편안한 운전 경험을 제공한다. 2020년 국내 커넥티드카 시장은 23억달러, 연결 차량 수는 440만대로 각각 증가할 것으로 예상된다. 세계 커넥티드카 시장은 약 1200억달러 규모, IoT로 연결되는 차량 수는 1억6030만대로 각각 증가할 것이란 전망이다.

지능형 아파트로 대표되는 스마트홈 국내 시장은 13억2000만달러, 세계 시장은 2020년까지 약 430억달러로 각각 늘어난다. 사용자 측면에서는 가사 자동화, 에너지 관리, 안전 보안 서비스 등을 통해 세계 시장에서 연간 2000억~3270억달러 경제 효과를 창출할 것으로 기대된다.

스마트시티 분야 역시 도시행정, 교육, 복지 등 도시 기능 운영에 첨단 IoT 인프라를 적용, 효율성을 높이고 지속 가능한 부가가치를 창출하는 방향으로 발전할 전망이다.

국내 스마트시티 시장 규모는 2016년 1조7000억원에서 2020년 2조9000억원으로 성장할 것으로 보인다. 세계 스마트시티 시장은 2012~2020년에 연평균 12.4% 성장할 것으로 전망된다.

박지성기자 jisung@etnews.com

CES(Consumer Electronic Show)는 소비자 전자 쇼로 번역되며, 세계 전자업계 전문가들로부터 명망이 있는 전자 신기술 박람회다. 이 쇼는 매년 1월 미국 네바다 주 라스베가스 컨벤션센터에서 열린다. 2017년 CES를 빛낸 최고의 제품들은 자율주행, 웨어러블 & 홈, TV & 모바일, 게임 & 교육관련 제품들이었다. 자세히 보면 대부분 사물인터넷과 관련있는 제품들이다. 현재 사물인터넷 시장은 확대일로에 있으며 현대경제연구원의 전망에 의하면 세계 사물인터넷 시장은 2020년 1조 달러에 이르게 된다.

이러한 전망이 아니더라도 주위에서 쉽게 사물인터넷에 관한 기사를 접할 수 있다. 이제 사물인터넷에 관한 관심을 더 이상 미룰 수 있는 상황이 아니다. 사물인터넷 전문가는 아직 자리조차 잡지 못한 직업이다. 하지만 우리 일상은 물론 생활전반에 걸쳐 무서운 속도로 변화하고 있는 업계에 맞춰 발전해야 할 직업이기도 하다.

위의 기사에 나온 것처럼 스마트 홈은 각 가정의 전기제품과 전자제품을 연결하는 데서 그치지 않고, 보일러를 비롯한 냉난방과 같은 에너지 문제, 가정 안전에 대한 보안 등 그 영역의 끝을 알 수 없게 되었다. 스마트 시티 분야에서도 단순히 가로등과 같은 편의를 위한 시설에서 도시 전체의 방범문제, 도로, 주차 상황, 상하수도 시설까지 아우르는 등 생활전반에 파급되고 있다. 사물인터넷 전문가는 걸음마를 시작하자마자 성수기로 접어들었으며, 사물인터넷 전문가의 직업전망은 사회의 전분야로 영역을 넓히고 있다.

첫 번째 독서 활동

도서	미래과학 교과서 ① – 눈앞의 별천지 유비쿼터스 세상	도서정보	하원균 외 2명 /최은하 그림/ 김영사/ 2006년
교육과정 핵심역량	지식정보처리 역량, 창의 융합 사고 역량, 공동체 역량	직업군	사물인터넷 전문가

『미래과학교과서』의 '유비쿼터스 세상'에서는, 우리주변의 사물들이 스스로 생각하고, 움직인다. 창문은 날씨 변화에 따라, 비가 오는 날이면 문을 닫고, 화창한 날에는 문이 저절로 열린다. 종업원이 없는 백화점에서 물건을 사면 영수증은 자동으로 처리된다. 비가 오는 날 우산은 자명종처럼 스스로 소리를 내어 가져 갈 수 있도록 신호를 보낸다. 이 모든 일에 인간의 간섭은 필요 없다.

하지만 이 모든 일들은 인간을 위한 활동들이다. 인간은 이런 일들을 의식하지 않는다. 인간은 공기로 숨을 쉬듯 컴퓨터와 네트워크로 교감한다. 단지 사물들만 그러한 것이 아니다. 학교에 책가방을 들고 갈 필요가 없다. 학교에 가면 모든 것들이 준비되어 있다.

이 책은 유비쿼터스 컴퓨팅의 개념에서부터 세계 여러 나라에서 시도하고 있는 각종 유비쿼터스 프로젝트까지 담은 책이다. 학교에서 배우는 물리, 화학, 생물 등 기초이론을 다루고 있는 과목만 과학이 아니다. 지금은 기초과학 외에도 '미래과학'을 공부해야 한다. 본문에서 토마스 프리드먼은 지구는 둥글지만 '세계는 평평하다(the world is flat)'라는 키워드로 21세기 세계의 흐름을 통찰했다. 과연 그렇다고 맞장구를 치고 좀 더 자세히 살펴보면, 지구는 납작해지는데 끝나지 않고 언제 어디서든 누구나 지구촌을 휴대해 만지작거리는 상황(the world is ubiquitous)으로 가파르게 치닫고 있는 것을 알 수 있다…" 라고 쓰고 있다. 이 말에서 알 수 있듯이 정보통신 시대의 패러다임이 바뀌고 있다. 옛날 파발마를 통해 소식을 전하던 시대에서 전화기로 음성을 전하고, pc를 통해 이메일을, 스마트폰으로 실시간 의견을 나누었다면 이제는 사물 대 사물, 사물 대 사람, 사람 대 사람 간 쌍방향 통신이 가능한 시대이다. 이 시대에 우리가 준비해야 할 것은 무엇인가? 이 책에 그 실마리가 숨어 있다.

교육과정 연계 독서 활동

가. 지식정보 처리 역량

📢 유비쿼터스 세상이 되면 달라지는 것들에 대하여 말해 보세요.

- 모든 사물에 컴퓨터가 내장되어 있다.
- 모든 사물은 네트워크에 연결되어 있다.
- 사물 간에 연결된 네트워크를 통해 정보를 교환할 수 있다.

📢 마크 와이저가 제창한 '유비쿼터스 컴퓨팅'의 비젼은 무엇이었나요?

- 문자를 사용하듯 간단하게 또 무의식중에 사용할 수 있는 컴퓨터
- 사람들이 컴퓨터를 의식하지 않고 사용하는 시대
- 보이지 않는 컴퓨터
- 어디에나 있는 컴퓨터

🔊 유비쿼터스 컴퓨팅에서 말하는 컴퓨터와 사회와의 융합이 이뤄진 것들
을 이야기 해 보세요.

- 인간 몸에 부착된 각종 컴퓨터는 인간의 오감 기능을 대신한다.
- 시각장애인 지팡이는 시각장애인 눈의 역할을 대신한다.
- 집안의 가전제품, 보일러, 의자, 옷장 등 모든 사물에 통신기능이 있는
  단말기가 부착된다.

🔊 유비쿼터스 세상이 전개될 미래 세상에 대하여 말해 보세요.

- '오토 아이디(auto-ID)'
- '옥시젼(oxygen)'
- 위대한 도전
- 다이내믹 코리아

📢 유비쿼터스 세상이 되면 모든 사물에 컴퓨터가 부착되어 있다. 어떤 사물에도 접속을 할 수 있지만, 어떤 사물도 보안에 취약할 수밖에 없다. 이러한 것들에 대한 대책은 어떤 것들이 있을까요?

- 지문, 얼굴, 홍채, 음성 등 사람마다 가진 신체적 특징을 이용하여 컴퓨터에 접속한다.
- 개인정보가 기록된 IC카드는 변조 방지 기능을 강화한다.

📢 유비쿼터스 세상이 되면 달라질 인간의 삶에 대하여 이야기 해보세요.

- 발전된 가전과 용품을 이용하여 가사 노동이 줄어들 것이다.
- 동네병원도 스마트하여 방문하지 초기상황을 위한 시간을 절약할 것이다.
- 교육형태, 노동토건도 변화하여 따라 가족 간의 시간이 길어질 것이다.

3단계별 이야기식 진로독서활동

가. 배경지식으로 찾아보기

📢 유비쿼터스와 사물인터넷의 차이는 무엇일까요?

둘 사이의 개념 차이는 거의 없다. 하지만 유비쿼터스는 만물이 인터넷
에 연결되어 있는 시스템 즉 환경을 강조했다면, 사물인터넷은 인터넷
에 연결되어 있는 사물을 강조한 것이다.

📢 '사물인터넷'과 '만물인터넷'의 차이는 무엇일까요?

양쪽 모두 추구하는 세상은 다를 바 없다.

34

유비쿼터스 세상을 만드는데 필요한 기술과 직업에는 어떤 것들이 있나
요?

- 사물에 삽입할 센서기술
- 네트워크 기술
- 정보해석 능력
- 센서 기술자, 네트워크 기술자, 프로그램 개발자

유비쿼터스 세상이 펼쳐 질 미래의 직업에는 어떠한 것들이 있을까요?

- 유비쿼터스 쇼핑을 도와 줄 인터넷 호스트
- 유비쿼터스 헬스케어 담당자
- 유비쿼터스 교육물 저작가
- 유비쿼터스 교본 제작가

📢 유비쿼터스 세상의 보안 기술에는 어떤 것들이 있나요?

- 얼굴, 지문, 홍채 인식등 생체 기술
- 보안 칩셋 : 칩 자체에 보안 기술을 적용한 칩
- 네트워크 상 보안 기술
- 데이터 자체의 보안 기술

📢 유비쿼터스 세상을 구현하는데 필요한 인문학적 소양에는 어떤 것들이 있을까요?

모든 것이 자동으로 이루어지는 세상에서 인간이란 무엇인가? 라는 원칙적 의문이 들 수 있다. 또한 유비쿼터스 세상의 모든 사물의 존재 목적은 인간 삶의 질 향상이라는 목표가 있다. 이러한 의문과 목적에 답을 줄 수 있는 철학, 역사학, 정신학 등의 소양이 필요하다.

현재 곳곳에 설치되어 있는 CCTV 등은 인간의 개인 프라이버시를 많은 부분에서 침해한다는 비판을 듣고 있다. 앞으로 사물인터넷이 활성화 되면 인간은 개인의 삶을 지탱할 수 없을 지경에 이를 것이다.

토론 주제 : 사물인터넷의 기능은 제한되어야 한다.

자신이 늘 쓰는 일용품 중 사물인터넷화 하고 싶은 것을 상상해서 적어
보세요.

도서	사물인터넷 전쟁	도서정보	박경수, 이경현/ 동아엠앤비 / 2015년
교육과정 핵심역량	지식정보처리 역량, 창의 융합 사고 역량, 공동체 역량	직업군	사물인터넷 전문가

현재의 일상생활은 대부분 인터넷과 스마트 폰으로 연결된다. 이제 우리 주변의 모든 사물이 인터넷과 연결되어, 스스로 움직이는 사물인터넷 세상이 온 것이다. 이 책은 사물인터넷을 이해하기 위한 개념적인 설명서가 아니다. 사물인터넷이 우리 실생활에 적용되는 국내외 사례를 제시한다. 또한 이러한 사례가 산업과 일상의 변화에 어떤 영향을 미칠지도 생각하게 한다. 이러한 변화의 시대에 각 기업들은 어떻게 대처하고 있는가? 『사물인터넷 전쟁』은 기업들을 제조사, 통신사, 플랫폼, 솔루션 사업자로 구분해 4개 각 사업자가 준비하고, 추진하는 일들을 살펴본다. 사물인터넷은 우리 삶에 큰 변화를 가져오리라 기대된다. 하지만 이러한 변화는 기업들에게 새로운 기회를 줄 것이다. 사물인터넷 사업은 산업간 영역의 붕괴에서 시작된다. 전통적인 의미에서 사업 영역은 이제 의미가 없다. 스마트 홈, 스마트 카, 헬스 케어, 금융 등 다양한 분야의 영역은 재편되고 있다. 자동차와 전자산업이 융합되어, 차는 기계인지 전자제품인지 혼동된다.

어디까지가 제조업이고, 어떤 것이 통신업인지 의미 있는 구별은 없다. 다양한 산업군, 산업간 치열한 그러나 소리 없는 전쟁에서 어느 기업이 살아남을 것인가? 어떤 산업 군이 주도권을 잡을 수 있을지 살펴보아야 한다. 그것이 우리 삶을 살피는 일일 수 있기 때문이다.

교육과정 연계 독서 활동

가. 지식정보 처리 역량

📢 사물인터넷에 필요한 기술은 어떤 것들이 있나요?

- 센싱기술 : 센서로 사람, 사물, 공간의 모든 것을 감지하는 기술
- 네트워크(연결기술) : 인터넷으로 사물과 사람, 사물과 사람, 사람과 사람을 연결
- 클라우드 : 소프트웨어와 데이터를 인터넷을 통해 중앙 컴퓨터에 저장
- 빅데이터 : 사물, 개인이 가진 정보가 형성하는 거대 데이터

📢 사물인터넷이 적용되는 분야에는 어떤 것들이 있나요?

- 헬스케어, 홈케어, 안전

- 엔터테인먼트

- 교통, 자동차

- 환경, 농업

- 에너지

나. 창의 융합 사고능력

📢 사물인터넷은 사업간 영역의 붕괴로 시작됩니다. 사업간 영역이 붕괴된
   예를 말해 보세요.

- 구글 : 플랫폼 회사인 구글은 무인자동차, 구글 TV, 구글글래스, 스마트
  폰, 통신 등 여러 분야의 사업을 전개하고 있음.

- 나이키 : 스포츠 용품 회사인 나이키는 팔찌형 IT 기기 생산.

- 다음 카카오 : 플랫폼 회사인 다음 카카오는 카카오 페이라는 금융업
  에 진출.

- 신세계 그룹 : 옴니채널(온라인과 오프라인의 융합) 구축

42

📢 스마트 홈이란 무엇인지 설명해 보세요.

집안의 가전제품(TV, 냉장고, 에어컨 등)을 비롯해 모닥기기(도어록, CCTV, 에너지분일기, 전기, 수도 등)을 스마트 폰과 같은 통신망으로 연결하여 제어할 수 있는 기술.

다. 공동체 역량

📢 사물인터넷과 농업의 융합사례를 말해보세요.

- SK텔레콤 : 제주 서귀포시의 '스마트 팜'
- KT : 강원도 강릉시 '스마트 사물인터넷 토탈 솔루션'

📢 우리 주변에 흔히 볼 수 있는 웨어러블 기기들의 예를 말해 보세요.

- 스마트 : 삼성, 애플
- 안경형 : 구글
- 목걸이형 : 구글아이, 휴아이밴드
- 옷 : 폴로테크

3단계별 이야기식 진로독서활동

가. 배경지식으로 찾아보기

🔊 사물인터넷과 스마트 도시 건설에 필요한 것들에 대하여 자신의 의견을 이야기 해 보세요.

- 밤에 걷는 것이 무서운데, 내가 가는 곳에는 자동으로 가로등이 켜지면 좋겠다.
- 스마트 도시의 난방은 자동으로 했으면 좋겠다.
- 시내버스와 택시, 전철 등 이용을 연계하는 프로그램이 항상 제공되면 좋겠다.

🔊 사물인터넷을 구현하는데 필요한 인접기술에는 어떤 것들이 필요할까요?

- 인공지능
- 빅데이터 해석 기술
- 가상, 증강 현실
- 스마트 에너지

📢 사물인터넷에 필수적인 센싱 기술에 어떤 것들이 있는지 말해 보세요.

- MEMS 센서(마이크로전자기계시스템)
- 이미지 센서 기술
- 바이오 센서

📢 아마존의 사물인터넷 전략은 어떤 것을 강조하고 있나요?

- 온라인 쇼핑몰
- 무엇을 파는 게 아니라 어떻게 파는가? : 드론
- 문료 당일 혹 아침 배송 : 아마존 DNA
- 물류 자동화 : 키바 로봇

📢 사물인터넷이 현실화 될 수 있는 것은 빅데이터 해석이 있기 때문이다.
사물인터넷과 빅데이터 간의 관계를 간략하게 설명해 보세요.

사물인터넷은 사물과 사물뿐만이 아니라 사람과 사물 사이의 연결을
통해 데이터를 수집하고, 분석한다. 이를 활용해 새로운 가치를 발굴하
고 제공하기 때문에 빅데이터의 중요성이 있다. M2M 이 단순히 사물
간의 연결을 하는데 비해 사물 인터넷은 데이터를 주고받아 사물끼리
의 혹은 사물과 사람간의 교류를 강조하는데 큰 차이가 있다. 이러한
과정에서 빅데이터를 기반으로 하는 각종 소프트웨어의 필요성이 대두
된다.

📢 사물인터넷이 우리 산업에 미치는 영향에는 어떤 것들이 있을까요?

- 지금까지 제조업, 통신업, 서비스업 등의 산업 구분이 있었으나 앞으로
  는 산업간 구별이 없어질 것이다.
- 기존의 산업들이 여러 차례 상호 병합되고 다시 분리될 것이다.
- 생산자가 소비자가 되고, 소비자가 생산자가 될 것이다.
- 농업, 수산업 등 1차 산업과 서비스, 금융 등 3차 산업이 일체화 될 것
  이다.

　　지난해 7월 미국의 화이트해커인 찰리 밀러와 크리스 발라섹이 공개한 영상을 예로 들어보자. 이들은 소파에 앉은 채로 노트북을 사용하고 있다. 약 16㎞ 떨어진 고속도로에서 시속 112㎞로 달리던 이탈리아 피아트크라이슬러의 '지프 체로키'를 마치 장난감 자동차처럼 원격 해킹하는 중이다. 이들의 공격으로 차량 와이퍼와 운전대가 움직였고, 라디오 채널과 음량이 바뀌었다. 속도도 갑자기 줄어들었고, 브레이크는 운전자 마음대로 작동하지 않았다.

　토론 주제 : 사물인터넷의 자동차, 드론을 비롯한 기기의 보안문제가 해결되기까지는 실용화해서는 안된다.

자신이 발명가라고 가정하고, 우리 삶에 도움이 되는 사물인터넷과 관련된 물건을 만들지 이야기 해 보세요.

📢 다음 기사 내용을 보고 물음에 답하시오.

계산대 없는 매장 '아마존 고'…카메라 센서와 인공지능이 핵심

사진=KT경제경영연구소

매장에 들어가 필요한 물건을 담아 그냥 나오면 된다. 계산도 별도로 할 필요가 없어진다. 당연히 계산대에 직원도 있을 필요가 없다. 고객은 아마존 고 전용 애플리케이션(앱)을 다운로드 받은 후 매장 입구에서 앱에 뜬 QR 코드를 스캔하면 매장 진입이 가능하다. 카메라와 센서를 통해 방문 고객이 제품을 담았는지를 파악하며, 구매 완료 후 매장을 나오면 아마존 계정에 연결돼 있는 계좌에서 결제가 된다. 사용자가 매장에 들어왔을 때 사용자 단말기는 재고관리시스템과 연동하고 사용자가 진열대에서 특정 제품을 들어서 쇼핑 카트에 담으면 재고 관리 시스템에서 사용자 단말기의 구매 리스트에 바로 추가하는 것이다.

또 매장 천장이나 벽에 설치된 카메라로 사용자 얼굴을 인식하며, 매장에 설치된 프로젝터과 스피커로 사용자와 커뮤니케이션 하는 기능도 포함됐다. 한편 아마존 고 공개 이후 쇼핑의 미래라는 긍정적인 반응이 많지만, 미국 내에서 많은 사람들이 종사하는 계산 담당 직원의 일자리가 사라질 수도 있다는 반감도 만만찮은 상태다.

(아시아경제. 안하늘 기자 ahn708@asiae.co.kr. 2016.12.18)

1) 위의 사례를 보면 손님은 주인도 없는 가게에 들려 물건을 산다. 사람이 산다는 것은 사람과 사람의 만남의 연속인데, 이렇게 되었을 때 어떤 문제가 생길지 자신의 생각을 정리해서 적어 보세요.

2) 위의 기사처럼 무인판매가 일상화 된다면 많은 수의 일자리가 감소될 것이다. 이의 대책에는 어떤 것이 있을지 자신의 생각을 적어 보세요.

3) 위 기사에 적용된 기술에는 어떤 것이 있는지 적어 보세요.

- 애플리케이션 제작

- CCTV 기술

- 핀테크 기술

- 재고관리 시스템

- 센싱기술

- 네트워크 기술

04 미래를 여는 진로 탐색

유사 직업 안내

빅데이터 분석가

사물 인터넷의 성공여부는 빅데이터에 달려 있다고 해도 과언이 아니다. 사물 인터넷에서 빅데이터란 인터넷이나 스마트폰을 통해 수집된 각종 데이터를 포함하여, 인터넷에 연결된 각 사물이나 사람이 만들어내는 각종 데이터를 말한다. 이러한 많은 데이터에는 의미있는 데이터도 있지만 그렇지 않은 데이터도 많다.

빅데이터 분석가는 수많은 데이터 속에서 자기나 회사에 필요한 데이터를 찾아내 부가가치가 높은 결과물을 만들어서 다른 사물이나 사람에게 송출해야 한다. 이때 데이터 분석기법에 머신러닝이나 딥러닝 기법 등 다양한 분석방법이 동원된다. 전통적인 통계기법 외에도 새로운 기법을 숙지해야 함은 물론이다. 목적이나 과정에 맞는 데이터 분석을 마쳤으면 이것을 전달하는 능력도 있어야 한다. 새로운 부가가치가 될 만한 데이터를, 문자나 그래픽을 포함한 다양한 방법을 통해 받을 사람이 이해하기 쉽도록 전달하는 것도 분석가의 임무이다.

이러한 일을 수행하기 위해서는 통계학은 물론 과학, 미디어, 정보 분야의 전공이 필요하다. 이러한 이론적 기반위에 통찰력, 계산력, 창의력이 필요하다. 성격적으로는 세심함과 투철한 사명감이 요구된다.

통신망운영기술자

사물인터넷은 모든 사물과 사람이 네트워크에 연결되어 있어야 한다. 단순히 연결되어 있는 것이 아니라 각 사물이나 사람이 생산하는 각종 데이터를 사물대 사물, 사물 대 사람 간에 주고받아 새롭고 의미 있는 부가가치를 만드는 것이다. 이때 필수적인 것이 네트워크 다시 말하면 통신망이다.

여러 대의 컴퓨터 혹은 컴퓨터가 내장되어 있는 사물들이 하나의 망으로 연결되어 있는 통신망을 효율적으로 관리하여 다중 사용자가 사용을 원활하게 할 수 있도록 만드는 직업이다. 여기서 다중 사용자라는 말이 중요한데 이는 컴퓨터와 컴퓨터, 컴퓨터와 사람의 상호간 접속과 통신, 하드 디스크 등의 주변기기의 할당과 공유, 데이터 보호, 오류 제어, 보안 등의 다중 사용자 환경에 필요한 서비스를 제공해야 하기 때문이다.

이외에도 통신망의 구조진단, 병목현상 해소, 품질향상, 상호 접속, 차세대 교환기술은 물론 지능망 서비스에 관하여 연구·개발한다. 통신망운영기술자가 되기 위해서는 전기공학이나 전자공학 및 통신관련 공학 분야의 전공을 택하는 것이 좋다. 요즈음의 추세로 보면 컴퓨터와 통신의 결합으로 이 분야에 진출하는 컴퓨터 기술자들도 늘고 있다.

기업을 비롯한 스마트 홈, 스마트 시티 등 근거리통신망(LAN)을 구축하는 경향이 지속되고 있고, 통신망이 유선에서 무선으로 전환되는 등 통신망운영기술자의 수요는 빠르게 증가하고 있다. 신체활동이 활발하고, 타인에 대한 사교성이 필요하다.

응용소프트웨어개발자

자동차나 컴퓨터 등 우수한 하드웨어를 개발했다고 해도, 이것을 제어하고 운영할 소프트웨어가 없으면 그 성능을 발휘할 수 없다. 마이크로소프트, 오라클, 구글 등 우리가 익히 알고 있는 기업들은 소프트웨어 기업들이다. 이러한 회사들의 영업이익은 하드웨어를 생산하는 업체의 몇 배에 이르기도 한다. 이러한 사정으로 대부분의 기업들이 소프트웨어 개발에 힘을 기울이고 있다. 우리나라의 삼성이나 LG전자 같은 전자회사나 SK, KT 등 통신사업자들도 자체적으로 소프트웨어 자체 개발에 뛰어들고 있다. 이와 함께 국가 차원에서도 고용유발 효과가 제조업보다 2배나 높은 소프트웨어 산업에 관심을 기울이고 있다.

앞으로 전개될 사물인터넷 시대에는 모든 기기와 사물의 융합이 일어날 것이다. 이러한 기기의 융합은 하드웨어의 융합으로도 나타나지만 대부분은 소프트웨어 상의 융합으로 처리할 수 있을 것으로 예상된다. 현재 우리나라의 모바일 환경을 보더라도 쇼셜 네트워크, 온라인 광고, 쇼셜 커머스 등의 운영을 위한 수많은 소프트웨어가 운영되고 있다. 앞으로 전개될 사물인터넷 시대에는 빅 데이터 분석, 디지털콘텐츠 제작 및 유통 등 IT환경은 더욱 많은 응용소프트웨어가 필요할 것으로 추정되며, 응용소프트웨어 개발자의 수요는 증가할 것으로 전망된다. 응용 소프트웨어 개발자는 컴퓨터공학, 전산 공학, 소프트웨어 공학 등의 전문지식이 필요하다. 이와 함께 C언어, 자바, 비주얼스튜디오 등 프로그래밍 언어, 운영체제, 데이터베이스 해석 등의 기능이 필요하다. 이 직업은 끊임없이 변화하는 신기술에 대한 탐구력, 새로운 소프트웨어를 개발하기 위한 창의력, 소프트웨어 개발 과정에서 필요한 꼼꼼함이 요구된다.

인공지능 개발자

신석기 시대 인간의 식량문제를 해결했던 농업 혁명, 근대의 산업 혁명, 그리고 제 3의 물결이라 할 수 있는 정보화 혁명에 이은 인류 역사의 4 번째 혁명이 될 것으로 예측되는 인공지능 혁명의 시대가 눈앞에 있다. 인공지능 알파고와 이세돌 9단의 바둑 대결은 우리에게 큰 전율로 다가왔다. 인공지능은 기계로부터 만들어진 지능이다. 종래의 컴퓨터 기술은 인간의 프로그램에 의한 활동이었다. 즉 프로그램이 제시한 혹은 요구한 답 외에는 내놓을 수 없었다. 하지만 인공지능은 인간의 프로그램을 뛰어넘는 결과를 도출할 수도 있는 것이다. 즉 인간의 자연 언어를 이해하고, 사물을 인식하고, 지식과 경험을 토대로 추론하고, 문제를 해결할 수 있다.

현재 인공지능은 인간의 보조 역할인 단순 노동을 넘어섰다. '퀘이크봇'은 기자를 대신하여 글을 쓰고, IBM의 '왓슨'은 암센터에서 활약하고 있으며, 금융 분야의 '켄쇼', 유통의 '드론' 등이 인간을 대신하고 있다. 사물인터넷 시대에는 사물 대 사물, 사물 과 사람, 사람 과 사람이 상호 데이터를 생산하고, 그 데이터의 분석을 통한 새로운 부가가치를 창출한다. '알파고'나 '퀘이크봇' 등은 사물임에 분명하나, 사물이 스스로 판단하고 새로운 대안을 내놓는 시대가 된 것이다.

인공지능 개발자가 되기 위해서는 컴퓨터 언어와 자료구조, 빅 데이터 관리와 분석 등 컴퓨터 공학은 필수적이며, 수학, 물리, 화학, 생물학 등의 기초과학 지식이 필요하다. 또한 문제를 파악하려는 탐구정신과 해결하려는 집중력, 그리고 창의성이 요구된다.

관련 단체 및 기관

- 한국인터넷진흥원 http://www.kisa.or.kr/

- 미래창조과학부 www.msip.go.kr/

- 한국전자통신연구원 www.etri.re.kr

- 한국사물인터넷협회 www.kiot.or.kr

- 정보통신산업진흥원 www.nipa.kr

- 한국정보통신진흥협회 www.kait.or.kr

- 소프트웨어정책연구소 https://spri.kr/post/6053

- 한국소프트웨어 산업협회 www.sw.or.kr

- 한국정보통신인력개발센터 www.ihd.or.kr

- 한국스마트홈 산업협회 http://www.kashi.or.kr/html/index.html

2장

애니메이터

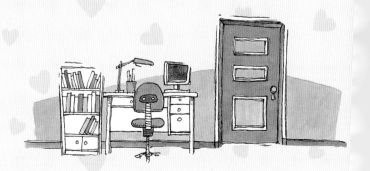

애니메이터는

이미지를 연결하여 생명력을 불어넣고,
살아있게 만드는 작업을 하는 사람으로
애니메이션을 기획하고 제작하며 편집하는
제작진을 통칭하는 용어이다.

01 재미있는 직업 이야기

 ## 직업 노크하기

웹툰 약진의 시대! 오늘은 어떤 웹툰을 볼까?

다음 웹툰순위

1 드라마, 꿈
나빌레라
Hun , 지민

나이 일흔에 도전을 시작했다. 스물
셋, 방황이 시작됐다.

★★★★★ 9.9

2 스포츠,야구
퍼펙트 게임
장이
★ 9.9

3 미스터리, 스릴러, 추리
Dr. 브레인
홍작가
★ 9.9

출처 : 다음 웹툰

한국을 대표하는 애니메이션 감독 '안재훈' 애니메이터를 꿈꾸는 청춘의 미래가 되다! 1998년 단편 애니메이션 〈히치콕의 어떤 하루〉로 데뷔한 고졸 출신 애니메이션 감독, 안재훈 씨는 지난 2003년 '연필로 명상하기'라는 프로덕션을 설립하고 수십여 편의 애니메이션을 제작했다. 특히 지난 2011년 개봉한 장편 애니메이션 〈소중한 날의 꿈〉으로 프랑스와 일본 등 전 세계에 이름을 알려 한국을 대표하는 애니메이션 감독이 되었다. 또한 2014시카프(서울국제애니메이션페스티벌)의 개막작품으로 한국의 대표 단편 소설을 들고 나온 〈메밀꽃, 운수 좋은 날, 그리고 봄봄〉 안재훈 감독은 애니메이터를 꿈꾸는 후배들에게 늘 자신의 스튜디오의 문을 활짝 열어놓고 있다.

– 중 략 –

창조인재 문화콘텐츠 애니메이터를 꿈꾼다면, '끼 있는 상상력'의 도전으로 현장을 배워야 한다!

애니메이터는 쉬운 직업이 아니다. 한 번 시작하면 적어도 5년 이상은 숙련된 교육의 기간을 현장에서 보내야한다. 좋은 교육을 받는다고 해도 현장에서 경험하는 것은 결코 '공부'로 배울 수 있는 것이 아니라 '체험'으로 경험해야 한다는 것.

대학 진학이라는 목표 때문에 애니메이터라는 꿈이 뒤로 물러나는 것은 어쩌면 스스로를 위축시키는 일이 될 수도 있다는 안재훈 감독. 그는 고졸이라는 학력의 꼬리표보다 더 중요한 것은 건강한 정신과 밝은 태도로 현장에서 배울 수 있는 시간을 자신에게 줘야한다고 조언한다. 캐릭터를 만드는 과정, 인물에 생명을 불어넣고 성격을 입혀내는 과정은 무엇인지, 직접 손으로 그려가며 가르치는 멘토 안재훈 감독은 스튜디오에서 함께 일하는 청년의 스탭들에게 애니메이터란 무엇이고 어떤 미래를 향해가는 것인지 그 길을 가르치고 있다.

(출처 : 커리어넷, 안재훈 인터뷰 '끼 있는 상상력 애니메이터가 되고 싶어요.')

그리 멀지 않은 옛날, 지금 어른들의 어릴 적 기억에 만화를 접한 장소는 동네에 하나씩 숨어있는 만화방이었다. 여러 가지 시리즈의 만화들이 많았으므로 하루내 숨어 짜장면을 먹으며 만화방에서 여러 만화를 읽었더랬다. 또한 그 뿐인가! 보물섬 등 월간으로 나오는 만화 잡지가 있어 학교에서, 가정에서 친구들과 틈틈이 돌려 읽었다. 하지만 부모님으로부터, 어른들로부터, 선생님으로부터 만화책은 압수품의 하나였으며, 공부는 하지 않고 만화책만 본다고 구박받기 일쑤였다. 아이러니하게도 구박을 받고 자란 그 세대들로 인해, 현재 웹툰 전성시대가 열렸으며, 미래에도 각광받는 직업군으로 거듭나게 되었다. 웹툰 작가들이 방송 예능프로그램에 출연을 하고, CF를 찍기도 하며 '쓸데없이 아이들을 홀리던 만화가들'이 '애니메이터'로서 달라진 위상을 실감하게 되는 요즘이다.

애니메이터란?

아직까지도 만화라고 하면 웬지 어른들은 질색을 한다. 아이들이 만화를 보면 일단 호통부터 치기 마련이다. 하지만 가만히 생각해 보면 입시를 위해 기를 쓰고 외웠던 수학 공식이나 소설의 글귀보다 또렷이 기억이 나는 것은 어릴적 텔레비전과 책에서 보던 만화 속 장면들이다. 신기한 일이다. 기억을 하기 위해 엄청나게 공을 들여 암기했던 수학 공식들은 벌써 추억의 저편으로 사라진지 오래이나, 잠깐 재미있게 보았던 그 별 것 아닌 '이미지'들은 아직까지도 또렷하게 머릿속에 남아있다. 이것은 '이미지'를 재미있게 보여주는 그리고 스토리가 있는 '만화'의 승리라고 볼 수 있다.

이제는 '만화'라는 말보다는 '애니메이션'이라는 말이 대중화되었다.

유아들의 대통령이라 칭하는 뽀로로

선풍적 인기를 누리는 터닝메카드

이렇게 오랫동안 사람들의 기억에 남는 움직이는 이미지, 애니메이션 (Animation)이란 말은 사전적 의미로는 '생기' 혹은 '활력을 불어넣어 주다'라는 의미가 있다. 애니메이션의 어원은 라틴어로 애니마(Anima)에서 유래되었다고 하는데 정신 혹은 생명의 숨결을 뜻한다. 이렇게 이미지들을 연결하여 생명력을 불어 놓고 살아있게 만드는 작업을 하는 사람들을 애니메이터(Animator)라고 하며 애니메이터는 애니메이션을 기획하고 제작하며 편집하는 제작진 전부를 부르는 용어이기도 하다.

커리어넷의 직업정보에 따르면 애니메이터는 보통 애니메이션 작품의 기획에서부터 창작, 연출, 채색, 촬영, 편집 등 제작의 전 분야의 일을 담당하며 시장 조사를 실시하여 애니메이션의 소재와 주제를 결정하고, 애니메이션의 제작에 필요한 인력들을 섭외한다. 또한 시나리오를 작성하고 문장으로 이루어진 시나리오를 구체적인 그림과 기호로 전체적인 설계도를 만드는 콘티를 만들며 캐릭터를 설정하고 캐릭터의 형태, 질감, 성격, 행동방식, 부착물, 몸의 구조를 디자인하기 위하여 물체를 삼차원의 수치

정보로 바꾸어 입력시키는 모델링을 한다. 그리고 등장인물이 살아 움직일 수 있도록 하는 애니메이팅, 성우의 더빙작업, 음악 및 음향효과작업, 편집 작업 등의 작업을 지휘하고 스토리 전개도에 따라 작품을 완성한다.

애니메이션 제작과정

애니메이터가 되려면

요즘은 고등학교 과정에서 애니메이션이나 만화창작에 관련된 관련 학과가 개설되어 있다. 경기예술고등학교에 만화창작학과가 개설되어 있으며 한국애니메이션고등학교가 경기도 하남시에 있다. 애니메이션고등학교에는 만화창작과, 애니메이션과, 영상연출과 등이 있어 애니메이션에 관심이 있고, 준비할 수 있는 학생이라면 진로를 선택할 때 위와 같은 고등학교에 진학할 수 있다.

애니메이터가 되기 위해서는 요구되는 전공이나 학력의 제한은 없으나 전문대학이나 종합 대학교의 애니메이션과 관련된 학과를 졸업하는 것이 유리하다. 관련 학과가 개설되어 있는 곳으로는 부천대학교, 청강문화산업대학교, 대구미래대학교, 세종시에 있는 한국영상대학교 등이 있다. 관련 학과에 진학하면 애니메이션영화사, 애니메이션 연출이론, 만화기법 등 만화 및 애니메이션에 대한 이론과 디자인기초, 색채실습, 스토리 작법, 영상편집, 셀 및 컴퓨터애니메이션 제작실습 등의 실기를 교육받게 된다.

애니메이터를 포함하여 만화가 및 만화영화 작가는 아이디어를 개발하기 위해 주제를 결정하고 자료를 수집하기 위해 해당 분야에 대한 여러 가지 전문지식을 갖추고 있어야 한다. 애니메이터는 업무자율성 수준이 높기 때문에 직업전문성 영역에서 점수가 높다. 하지만 자격증의 유무보다는 자신의 흥미와 적성이 맞는지와 컴퓨터 그래픽 프로그램을 잘 다룰 수 있는 기술이 더 필요하며, 때에 따라서는 만화 관련 전문학원에서 애니메이터가 되기 위한 교육과 훈련을 받을 수 있다.

〈출처: 한국관광공사, 서울애니메이션센터 (http://www.ani.seoul.kr)〉

그리고 애니메이션에 흥미와 관심이 있다면 전문 학원 뿐만 아니라 서울애니메이션센터를 방문해보는 것도 좋을 것이다. 만화, 애니메이션, 게임, 캐릭터 관련 제작 및 창작 지원 및 문화콘텐츠 제작 지원을 위한 기술지원실 및 캐릭터원형 제작실을 운영하고 있으며, 문화콘텐츠 전문교육 및 어린이·청소년 교육이나 애니메이션 영화 상영 및 문화콘텐츠 관련 전시회 개최를 하고 있다.

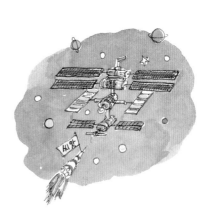

02 누구에게 어울릴까

흥미와 적성

　그럼 애니메이터가 되려면 어떤 자질이 필요할까? 단순히 생각하면 그림을 그리는 실력만 뛰어나면 될 것 같지만 여러 가지 능력이 필요하다. 요즘은 애니메이션관련 산업이 발전함에 따라 혼자서 일하는 경우보다는 여러 사람들이 팀을 구성하여 함께 일하는 협업체제로 작업을 한다. 만화를 좋아하고, 그림에 소질이 있어야 함은 물론이며, 이야기를 짜임새 있게 전개 할 수 있는 풍부한 상상력과 감수성, 창의성, 문장력 등이 필요하다.

　애니메이터가 되기 위해서는 만화 전반에 대한 이해와 포토샵, 일러스트, 플래시 등 컴퓨터 그래픽에 관련된 여러 프로그램을 조작할 수 있는 능력도 빼 놓을 수 없다. 또한 애니메이션은 다양하게 움직이는 사람이나 동물들의 연속적인 움직임을 그려내야 하기 때문에 일상생활에서 많은 동작들을 세밀히 관찰하고 묘사할 수 있는 눈썰미와 관찰력이 요구된다.

　애니메이터로 요구되는 성격유형은 예술형과 탐구형의 흥미를 가진 사람에게 적합하며, 반복된 작업에서 오는 어려움을 잘 참고 견디거나 꼼꼼한 성격을 가진 사람들에게 유리하다. 특히 연속해서 비슷한 장면을 꾸준히 그려야 하고, 같은 작업을 오랜시간동안 반복해야 하기 때문에 체력과 인내력이 강해야 한다. 이 밖에도 커리어넷에서 밝힌 애니메이터의 핵심 능력으로는 손재능과 공간지각능력, 창의력 등이 있다.

인사이드 아웃 한국인 애니메이터 4인방
▲ 왼쪽 위부터 시계방향으로 김재형 – 조예원 – 아놀드문
 – 장호석 (사진제공=월트 디즈니 컴퍼니 코리아)

'이웃집 토토로' 등 애니메이션으로 유
명한 미야자키 하야오 감독.
ⓒ AFP=뉴스1

 현황 및 전망

애니메이션은 사람들에게 좋은 기억을 남긴다. 둘리나 하니부터 뽀통령
이라 불리는 뽀로로 등 친숙한 캐릭터들은 사람들에게 오랫동안 사랑받는
다. 누구나 어릴 적 즐겨보던 애니메이션에 대한 기억을 갖고 있을 것이
다. 이제는 아이와 어른의 세대를 넘어 영화로, 광고로, 예술작품으로 활
용되기에 애니메이터는 각광받는 미래의 직업 분야로 꼽히고 있다. 사람
들은 예쁘고, 감동적인 만화를 소비하는 것에서부터 직접 제작하는 것에
까지 많은 부분에서 애니메이션을 직업적인 가치로 느끼고 있다.

현재 일자리 전망은 평균수준이지만, 정부에서 만화와 애니메이션 산
업을 21세기 고부가가치산업으로 인정하고 있다. 또한 최근 국내 애니메

이션 시장이 세계 시장에서 좋은 반응을 얻고 있어 앞으로 국내 창작 애니메이션의 제작이 늘어남에 따라 애니메이터가 포함된 만화가 및 만화영화 작가의 일자리 전망 점수는 현재보다 높아질 전망이다.

〈출처 2014 미래의 직업세계 직업편, 2015, 교육부, 한국직업능력개발원 발행〉

첫 번째 독서 활동

도서	애니메이션의 장르와 역사	도서정보	이용배 / 살림출판사 / 2011년 e-book으로 제공
교육과정 핵심역량	자기관리 역량, 지식정보처리 역량, 창의적 사고 역량	직업군	문화 · 예술 · 디자인 · 방송관련직

『애니메이션의 장르와 역사』는 애니메이션의 출발에서부터 여러 기법에 관련된 내용을 담고 있다. 짧은 길이의 내용에 비해 낱말의 수준이 높아 초등학교 저학년이 읽기에는 적합하지 않다. 알타미라 동굴벽화의 그림에서 출발하는 애니메이션 역사 이야기는 전개와 구성이 흥미롭다. 그리고 책 제목에서부터 알 수 있듯이 각 시대에 따른 애니메이션의 이야깃거리를 담고 있어 부담없이 책을 읽어 내려 갈 수 있으며, 짧은 책 내용을 통해 애니메이션이란 어떤 것인가에 대해 생각해 볼 수 있게 만드는 책이다. 이미지에 대한 철학적인 견해도 볼 수 있으며, 어릴 적 교과서 구석에 그려 빠르게 책장을 넘기면, 마치 그림이 움직이는 것처럼 보이는 플립 북을 소재로 애니메이션의 생성 과정과 비교하는 등 쉽게 내용을 이해할 수 있다.

교육과정 연계 독서 활동

가. 자기관리 역량

📢 글자를 쓰지 않고 그림이나 이미지로 대화를 나눠 본 적이 있나요? 있다면 기억에 남는 이야기를 친구에게 소개해 주세요.

> 운동장에서 모래로 장난을 할 때 친구들과 여러 가지 그림을 그리면서 논 적이 있는데, 말을 많이 하지 않아도 뜻이 잘 통해서 신기했어요.

📢 대체로 만화로 학습을 하는 것을 권하지 않습니다. 학습 만화조차도 흥미도를 앞세워 내용이 이어지지 않거나, 만화가 책의 면수를 많이 차지하는 등 흥미 위주로 내용이 구성되기 때문입니다. 여러분이 학습만화에 푹 빠져있는 친구들이 다양한 종류의 읽기를 할 수 있도록 돕는 방법은 어떤 것들이 있는지 생각해 보세요.

> 이솝우화나 톨스토이 단편집 같이 짧은 이야기로 되어 있지만 재미 있는 글을 읽을 수 있도록 권한다.
> 글로 이루어진 책을 읽고 그 내용을 상상할 수 있는 힘을 기르는 것이 공부에 도움이 된다는 사실을 알게 한다.

📢 우리가 무슨 일을 설명하고 안내할 때 글보다 그림이나 만화가 더 이해하기 쉬울때가 있습니다. 여러분들은 제품 사용설명서를 볼때, 글보다 그림이 이해하기 쉬웠던 때는 언제인가요?

가족끼리 캠핑을 갔을 때 텐트를 설치 하려고 했으나 어떻게 설치해야 하는 지 글로는 이해하기 어려웠다. 제품 설명서에 간단하게 단계별로 표현이 되어 있는 안내 그림을 보고 오히려 쉽게 설치할 수 있었다.

📢 대부분의 사람들이 현실에 있지 않은 그림이나 만화, 애니메이션에 흥미를 느끼는 이유는 무엇일까요?

사람들은 새로운 것에 호기심을 많이 느끼는 것 같다. 특히 만화는 현실에 있는 평범한 모습보다 상상의 세계를 자유롭게 나타낸다. 그래서 그림과 만화의 세계는 사람들의 호기심을 채워 줄 수 있고, 현실에 없는 세계를 흥미롭게 표현하기 때문에 많은 사람들이 흥미를 느끼는 것 같다.

다. 창의적 사고 역량

📢 애니메이션 영화를 제작하는 '디즈니', '픽사', '지브리 스튜디오' 작품을
감상하면 화려한 영상만큼이나 상상력이 뛰어나다는 것을 알 수 있습니
다. 애니메이션에서 상상력이 중요한 이유는 무엇이고, 여러분은 어떤
상상의 세계를 만화로 표현하고 싶나요?

현실에서 나타내기 어려운 장면을 컴퓨터 그래픽 작업과 그림으로서 표

현이 가능하기 때문이다. 또한 새로운 상상력으로 영화를 제작하면 사

람들의 시선을 끌 수 있을 것 같다.

📢 요즘 플립 북이 인터넷 상에 유행하고 있어요. 더 이상 쓰지 않는 책이
나, 다 쓴 종이를 붙여서 자신이 상상해 본 장면을 플립 북으로 표현해
보세요. 만약 아이디어가 떠 오르지 않는다면 영화나 애니메이션 장면
을 떠 올리면서 간단하게 만들어 보고 느낌을 표현해 보세요.

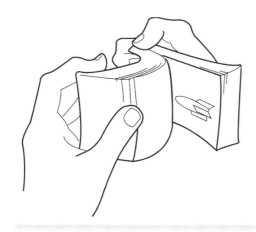

〈출처 : 다음 백과 '플립 북'〉

3단계별 이야기식 진로독서활동

🔊 잔상 효과를 이용한 것에는 어떤 것들이 있나요?

예) 타우마트로프(1826년 존 파리스가 만든 광학 완구), 페나키스티스

코프, 영화, 플립 북, 무지개 팽이 등

🔊 알타미라 동굴 벽화는 세계 문화 유산에 등록될 정도로 작품성까지 뛰
어납니다. 알타미라 동굴의 벽화에 그림을 생각나는 대로 그려보고, 이
벽화가 중요한 점을 써 보세요.

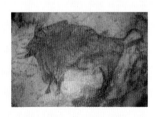

주술의 의미가 담겨 있다.

발견 당시 학자들이 예상하지 못했던, 자

연 염료로 그림을 그렸고 명암을 이용하여

동물들을 구체적으로 그렸다. 원시인이 그렸

다고 믿기 어려운 여러 가지 색채로 그려

져 있다.

📢 애니메이터와 관련있는 직업에는 어떤 것들이 있나요?

일러스트레이터 :

컴퓨터그래픽 디자이너 :

애니메이션 연출가 :

성우 :

📢 애니메이션을 분류하는 기준으로 촬영과정이 필요없는 애니메이션, 촬영과정이 필요한 애니메이션, 컴퓨터 애니메이션으로 구분할 수 있어요. 이 중 촬영과정이 필요한 애니메이션의 종류와 이 종류와 관련된 영화는 어떤 것이 있나요.

평면애니메이션

- 종이 애니메이션, 절지 애니메이션, 셀 애니메이션, 유리판 위에 그려 찍기입체애니메이션

- 점토 애니메이션, 오브제 애니메이션, 픽실레이션

종이 애니메이션(CM 광고), 절지 애니메이션(프린스 앤 프린세스, 1999), 점토 애니메이션(월레스 앤 그로밋)

스티븐 스필버그 감독은 상상력을 영화로 제작하는 매우 유명한 영화 감독입니다. 스티븐 스필버그 감독의 영화의 아이디어의 원천은 "꿈"이라고 하는데요. 여러분은 평소에 어떤 기발한 "꿈"을 꾸는지, 애니메이터가 되려는 어떤 준비를 하는지 내용을 작성해 보세요.

다. 책 밖에서 진로 찾기

애니메이터는 그림을 그리는 일이 중요하지만, 그림만으로 애니메이션이 완성되지는 않아요. 애니메이션 영화가 완성되기까지 여러 가지 손길이 많이 필요합니다. 애니메이션 제작에 필요한 여러 가지 직업을 더 찾아보세요.

컴퓨터 소프트웨어 프로그래머(컴퓨터 애니메이션 소프트웨어를 다룰 수 있는), 2D 디지털 애니메이션 촬영 기사, 시나리오 작가, 디자이너, 스토리보드 작가, 애니메이션 감독

🔊 요즘 단행본 형태의 책과 학습만화 등이 다시 인기를 끌고 있습니다. 특히 웹툰이 전성시대를 누리고 있어요. 앞으로 VR을 이용한 만화도 등장할 수 있을거라 예상되는데 가상현실을 통한 애니메이션은 어떤 특징이 있을까 생각해 보세요.

장점 : 3D 입체의 모습을 보여주어 실감난 영상을 제공할 수 있을 것이다. 입체적인 사운드 효과가 함께 제공되어 훨씬 더 재미있는 애니메이션이 만들어 질 것이다.

단점 : 애니메이션이 주로 평면으로 제작되는 일이 많기 때문에 애니메이션을 가상 현실세계에 맞춰 360도 전체를 보여주도록 만들기는 어려움이 있을 것이다. 시각적인 요소가 너무 많이 쓰이거나 화면이 어지러워 일부 사람들은 오히려 입체적인 만화를 보기 불편할 수 있을 것이다.

진로독서 토론 활동

📢: 토론 주제 : 점차 교과서에서도 학습에 도움을 줄 수 있도록 애니메이션을 많이 넣어야 한다.

찬성

반대

진로독서 논술

애니메이션의 발전은 눈부십니다. 여러 분야에서 애니메이션이 쓰이고 있는데, 영화, 웹툰, 학습만화 등이 그렇습니다. 앞으로 어느 분야에 애니메이션이 더 쓰이게 될지 수많은 영역을 마인드맵으로 표현해 봅시다.

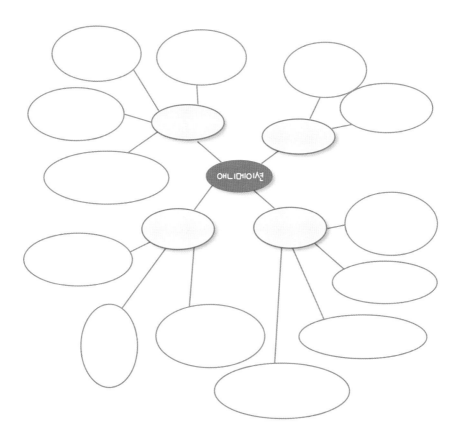

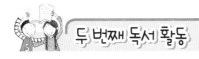
도서	애니메이터&영양사	도서정보	와이즈멘토 / 주니어 김영사 / 2013년
교육과정 핵심역량	문화적 소양 역량, 의사소통 역량	직업군	문화 · 예술 · 디자인 · 방송관련직

『애니메이터&영양사』는 어린이의 직업탐구를 위해서 나온 책이지만 애니메이터에 관심이 있는 누구라도 읽어볼 수 있도록 쉬운 문체로 내용이 구성되어 있다. 애니메이터 이야기와 애니메이터가 어떤 일을 하는지 애니메이터가 되기 위한 과정 등이 전체적으로 짜임새있게 되어 있다. 또 애니메이터가 되기 위해서는 어떻게 해야 할지 기본 지식을 얻을 수 있으며, 초등학교 저학년 어린이도 읽을 수 있도록 여러 가지 흥미있는 이야깃거리와 진로탐색의 형식으로 구성되어 있다.

교육과정 연계 독서 활동

가. 문화적 소양 역량

📢 "애니메이션"은 정신 혹은 생명의 숨결을 의미하는 라틴어인 '애니마'에서 유래되었습니다. 애니마의 뜻처럼 생명이 없는 것을 마치 살아 있는 것처럼 생명을 불어넣는 상상력에서 애니메이션이 탄생되었다고 볼 수 있습니다.

이 세상에 벌어지는 나쁜 일들, 환경이 좋아지지 않고, 범죄가 발생하는 것 등을 막아주는 능력이 많은 경찰이나 로봇이 등장하는 것이 좋을 것이다.

📢 세계적으로 유명한 애니메이션 제작, 배급사는 픽사나 지브리스튜디오가 유명합니다. 그에 비해 우리나라의 애니메이션은 세계적으로 큰 영향력은 없습니다. 여러분이 최근에 본 한국 애니메이션 영화를 떠올려 보고, 앞으로 우리나라 애니메이션 산업이 어떻게 하면 발전할 수 있을지 방법을 생각해 보세요.

게임과 연계하여 성공한 애니메이션에 해당하는 캐릭터들을 게임에 등장시켜 사람들의 흥미를 끌게 한다.
완구와 디자인, 팬시와 결합하여 여러 가지 부가 가치 산업을 육성하는 것이 좋을 것 같다.

◁» 뽀통령으로 불릴 만큼 애니메이션 '뽀롱뽀롱 뽀로로'는 유아기의 아이들에게 한국 애니메이션이 영향력을 주고 있으며, 최근에는 초등학생들이 좋아하는 국산 애니메이션이 많이 제작되고 있습니다. 하지만 애니메이션이 좋은 영향을 끼치는 것만은 아닙니다. 최근에 제작되고 있는 여러 애니메이션이 어린이들에게 미치는 단점에 대해 알아봅시다.

아이들이 캐릭터에 빠져 그 애니메이션에 나오는 물건들만 선호하는 경향이 생긴다. 완구나 식기류, 유아용 가방, 공책 등이 특정 캐릭터가 들어감으로써 가격이 높아지고 다른 품질 좋은 제품을 선택하지 않는 문제가 생길 수 있다. 폭력을 미화하거나 결투를 하는 장면에 어린이들이 많이 노출된다.

◁» 예전에는 공책에 그림을 그리면 낙서를 한다고 많이 혼나기도 했습니다. 지금은 공책이나 연습장에 자유롭게 캐릭터나 그림을 그리는 아이들이 많아졌습니다. 하지만 수업시간에도 그리기에 빠져 있는 아이들이 많고, 학습에 방해가 될 때도 있습니다. 그림에만 몰두하고 있는 친구들을 위한 조언을 해 봅시다.

3단계별 이야기식 진로독서활동

가. 배경지식으로 찾아보기

📢 애니메이션 제작 과정에서 기획, 제작, 편집의 과정을 조사해 봅시다.

기획 : 사람들이 흥미를 가지는 내용을 조사, 검토, 선정

제작 : 시나리오, 콘티 작성, 그림 작업

편집 : 컴퓨터를 이용하여 편집

📢 우리나라 애니메이션의 역사에 대해 조사하여 봅시다.

1967년 최초 장편 애니메이션 <홍길동> 제작, 신동헌 감독

1976년 김청기 감독의 <로보트 태권 V> 가 제작되어 큰 인기를 끄나 이후
로 한국 애니메이션은 일본 애니메이션을 주로 공급받아 상영하거나, 일본
의 주문을 받아 제작하는 하청 작업을 하는 등의 암흑기를 거침.

2000년대 들어서 <마리 이야기>, <오세암> 등 한국적인 애니메이션이
제작, 발표되면서 새로운 가능성을 보여 줌.

그 후 유아나 초등학생을 대상으로 하는 애니메이션 제작이 주를 이룸.

애니메이터의 역할은 그림을 그리는 일에만 역할이 정해져 있는 것은 아닙니다. 기획된 애니메이션이 영화나 시리즈 물로 제작이 되었을 때 다양한 역할을 하는 직업들을 만나게 됩니다. 한 편의 애니메이션이 완성될 때까지 애니메이터 이외의 직업들을 알아 봅시다.

성우, 일러스트레이터, 팬시 및 완구 디자이너, 시각 디자이너, 음향 감독, 애니메이션 제작자, 애니메이션 제작 감독 등

"사람들이 좋아할 만한 내용을 조사해 어떤 애니메이션을 만들지 결정합니다. 또한 텔레비전용으로 만들 것인지 극장용으로 만들 것인지, 어느 정도의 예산이 필요하며, 어떤 전문가가 필요한지, 관객의 연령대는 어떻게 할 것인지 등을 결정하는 단계이지요." 이 내용을 바탕으로 애니메이터들이 겪는 어려움에 대해 함께 생각해 봅시다.

사람들의 취향을 알아내는 것은 매우 어려운 일이다. 게다가 자기 의사 표현이 불분명한 아이들의 취향을 알아서 제작하기란 쉽지 않다. 또한 예산을 결정해야 하는 일은 여러 가지 사정으로 인해 작업 환경이 달라지기 때문에, 이에 맞춰 비용을 산정하기란 쉽지 않다. 또 혼자서 해결 할 수 없는 작업들이 많고, 전문가와 제작자의 기호와 요구사항에 맞추는 것은 생각보다 쉬운 일은 아니다.

애니메이션이 유행하면서 이것을 학습에 적용하여 학생들과 부모님들께 인기를 끈 책들이 있습니다. 세계의 문화와 역사를 알려 주는 '먼 나라 이웃 나라' 등의 시리즈들은 여전히 판매량이 꾸준합니다. 학생들과 부모님들에게 인기를 끌었던 다른 애니메이션을 생각해 보고, 학습과 관련지어 개발되면 좋을 콘텐츠를 구상해 보세요.

중국의 서유기의 내용에 나오는 인물들을 우리나라 환경에 맞게 각색한 마법 천자문이 있다. 한자가 저절로 기억되는 이미지의 학습 만화라는 컨셉트를 적용하여 방송과 실제 책으로도 제작되었다. 청소년 권장도서로 선정이 되었으며, 출판물 분야에 대상을 수상할 정도로 새로운 아이디어와 구성력이 돋보이는 작품이다.

아이들이 어려워 하는 사회과목이나 과학, 영어에 관련된 내용을 '마법 천자문'처럼 익숙하고 친근한 이미지와 캐릭터를 선정하여 제작이 될 수 있다면 좋겠다.

📢 애니메이션을 제작할 때 같은 장면을 수백 장 이상 밑그림을 그린다는 것은 쉬운 일이 아닙니다. 참을성과 목표의식이 뚜렷해야 하죠. 이외에도 애니메이션에 종사자들에게 요구되는 자질에는 어떤 것들이 있을까요?

애니메이터는 그림에 소질도 있어야 하지만, 이야기를 탄탄하게 이어나가 마무리를 할 수 있는 구성력과 문장력이 필요하다. 여러 사람들을 만나는 것을 피하지 않아야 하고 여러 가지 사람들의 의견을 대화를 통해 조정할 수 있는 자질 등이 필요하다.

진로독서 토론 활동

📢 토론 주제 : 그림을 잘 그리는 특기가 있으면 애니메이터가 될 수 있다.

찬성

'그는 갑자기 시계를 보기 시작했다. 1, 2, 3, 4, 5, 6, 7, 8! 충분한 시간이구나. 8초 동안 보여줄 수 있는 짧은 애니메이션을 만들어라! 우리의 새로운 미션이었다.'〈출처 : 나는 뉴욕으로 출근한다. 윤수정 저, 에디션더블유〉여기에서 '8초 동안'이라는 말과 '짧은 애니메이션을 만들어라!' 말은 어떤 상황을 나타내고 있는지 추측해 봅시다.

8초 동안이라는 말은 광고를 제작하려는 상황일 것이다. 짧은 애니메이션을 만들어야 할 만큼 긴박한 상황을 나타낸다.

고등학교를 졸업하고 미국 유학길에 오른 저자가 광고 회사에 근무 했을 때의 에피소드를 소개한 장면이다. 이 장면은 주 광고시간에 사람들의 시선과 관심을 끌기 위해 대개의 광고 제공 시간인 15초가 아닌 8초의 광고로 제작하고, 짧은 애니메이션을 통해 광고의 효과를 보기 위한 아이디어이기도 하다. 실제로 광고로 제작되어 사람들의 큰 관심을 끌었다.

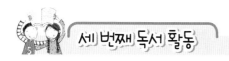
📢 다음 기사 내용을 보고 물음에 답하시오.

'강철소방대 파이어로보', 애니메이션 흥행에 완구도 인기

영실업은 '강철소방대 파이어로보'의 완구 제품들이 애니메이션 흥행에 힘입어 인기를 끌고 있다고 8일 밝혔다.

지난해 8월 애니메이션 방영과 함께 완구를 출시한 영실업은 완구 개발 계획을 애니메이션 기획 단계부터 염두에 두고 애니메이션 내 캐릭터와 최대한 유사하게 제작하기 위해 힘썼다고 설명했다.

파이어로보 완구는 '엑스건', '드론건', '타이탄 기어세트', '코어헤드셋'등 모두 8종으로 구성됐으며 향후 제품군을 확장할 예정이다.

한편 한 회 12분 분량의 26편으로 제작된 '강철소방대 파이어로보'는 특수소방대 파이어로보팀이 메가시티 화재사고 현장에서 펼치는 활약상이 담긴 3차원 애니메이션이다. EBS와 투니버스에서 방영 중이며 뮤지컬로 제작될 정도로 인기를 끌고 있다.

(출처: 머니투데이, 2017. 2. 8)

---

1) 요즘에는 만화가 유행하면 등장인물들이 각종 캐릭터 인형이나, 장난감으로 제작이 많이 됩니다. 애니메이션 제작 단계에서부터 기획이 되어 만화 방영과 함께 각종 캐릭터와 완구 제품으로 만들어지기도 합니다. 국산 애니메이션과 캐릭터가 결합하여 함께 성장하는 경우를 예를 들어보세요.

또봇 : 국내의 모 자동차의 디자인을 바탕으로 만든 애니메이션. 해외에서와 달리 국내에서는 장난감과 애니메이션 사업이 결합한 사례가 많지 않았으나 이 또봇의 흥행으로 이 후 제작되는 애니메이션들은 기획 단계에서부터 완구 개발을 같이 기획하고 있다.

터닝메카드 : 이 애니메이션에 등장하는 특정 캐릭터는 매우 인기가 있었다. 이 특정 캐릭터의 장난감을 구하려고 부모들이 새벽부터 마트에서 줄을 서는 풍경이 뉴스에 보도되기도 하였을 정도로 캐릭터를 완구에 적용하여 성공한 대표적인 사례이다.

2) 특정 캐릭터를 완구로 만드는 것은 기획 단계에서부터 어려움에 부딪힐 때가 있습니다. 만화의 모습을 현실에서 조작가능한 완구로 표현하는 것이 쉽지는 않기 때문인데요, 이런 어려움을 해결하고 완구를 설계하는 직업을 가진 사람을 무엇이라고 하며, 어떤 일들을 하는지 조사해 보세요.

팬시 및 완구 디자이너 : 시장의 특성과 고객의 요구에 따라 제품의 모양과 기능을 생각하며 디자인 하는 직업. 여러 가지 자료 조사 후에 제품의 형태를 설계 및 구상하고 디자인하여 그림으로 표현한다. 이 분야에 디자인을 하기 위해서는 문화예술 분야와 새롭게 출시되는 완구나 팬시 등의 제품에 늘 관심을 가지고 창의적으로 생각을 해야 하는 직업군이다.

04 미래를 여는 진로 탐색

유사 직업 안내

시각 디자이너

픽토그램이나 표지판과 같은 이미지나 간단한 도형을 통해 의미를 전달할 수 있도록 디자인에 힘을 쓰는 직업이다. 다양한 정보를 사람들이 이해하기 쉬운 형태로 디자인하는 작업을 주로 하기 때문에 분석적인 사고와 새로운 시각에서 세상을 바라 볼 수 있어야 한다. 색채 감각 및 조형 감각 등의 능력을 갖추고 있으면 더욱 좋다. 디자인, 예술 등에 대한 지식과 더불어 마케팅 등에 대한 지식이 필요하다. 또한 팀을 만들어서 작업을 해야 할 때가 많으므로 협동력이 있고, 컴퓨터 멀티미디어 프로그램을 원활하게 다룰 수 있는 기술이 필요하다.

시각디자인에는 광고, 제품 포장, 책 표지 등을 디자인하거나, 서체(문자)디자인, 기업 브랜드 이미지 디자인 등 다양하다. 관련 학과로는 건국대학교 디자인학부, 서울대학교 시각디자인 전공 등 많은 대학에서 관련 학과를 개설하고 있다.

게임그래픽 디자이너

게임그래픽 디자이너는 게임 기획자와 게임시나리오 작가가 구상한 내용을 참고로 캐릭터와 배경화면 등을 구상한다. 게임 속에 나오는 영상을 시각적으로 실감나게 표현하는 일을 하는데, 예를 들어 그래픽 소프트웨어를 이용해 게임에 등장하는 각종 캐릭터와 배경, 메뉴, 사람들이 아이템이나 대화를 주고받을 때 뜨는 창 등을 구상하여 모니터에 그려 넣는 등의 일을 한다. 게임을 할 수 있도록 화면을 구성하는 일을 주로 한다고 생각하면 된다. 요즘은 핸드폰 게임이나 온라인, PC게임, 콘솔게임 등 여러 가지 종류의 장치들에 맞게 그래픽을 디자인하여야 하는 일이 많다고 한다.

게임그래픽 디자이너가 되기 위해서는 고등학교나 대학에서 게임학과, 컴퓨터그래픽디자인과, 시각디자인과, 애니메이션과, 디자인에 관련된 공부를 하는 것이 유리하다. 게임에 관련된 산업이 발달하고 여러 가지 방식의 게임이 많이 개발되면서 공공교육기관이나 학원, IT와 관련된 교육기관에서 관련된 지식을 익힐 수 있다. 한국산업인력공단에 게임그래픽전문가 과정이 있으니 관심을 가져보기 바란다.

성우

방송이나 영화에서 제작되는 애니메이션인 경우 대부분 성우가 목소리연기를 한다. 때로는 너무 유명한 캐릭터의 성우는 다른 영화나 방송에서다른 캐릭터를 연기할 때에도 쉽게 알아챌 수 있을 정도이다. 이렇게 실제로 영화화 되었을 때 성우는 연기의 감정을 자신의 목소리에 실어 연기하기 때문에 매우 중요한 역할을 차지한다.

성우는 애니메이션 제작자에게 역할을 배정받아 내용과 분위기에 맞게 대사와 여러 역할 등을 연기한다. 외국 애니메이션 대사를 우리말로 녹음할 때도 목소리 전문가답게 다양한 목소리를 연기해야 한다.

성우가 되기 위해서는 자신만의 목소리를 낼 수 있도록 꾸준히 연습하고, 다양한 배역에 맞는 연기가 가능하도록하는 노력을 해야한다. 발음 및 억양 교정을 통해 표준어를 정확하게 구사하고, 대화를 실감나게 표현하기 위해서는 재치와 대화 상황에 대한 감각이 필요하다.

요즘에는 지상파와 케이블 방송국에서 매년 혹은 격년으로 실시하는 공개 모집을 통해 성우가 될 수 있으며 방송사에 따라 고졸 이상, 전문대졸 이상으로 학력 및 연령 제한을 두기도 한다. 성우를 지망할 때는 관련 대학에서 연기를 전공하거나 연기 동아리 활동을 하는 등 다양한 연기 경험이 있으면 도움이 되며, 사설 학원에서 성우 관련 교육을 받을 때도 있다.

애니메이션 기획자

애니메이션 기획자는 작품 선정, 제작, 홍보 분야 등 애니메이션의 제작에 필요한 각종 업무들을 기획하고 조정한다. 제작 전 자료도 조사해야 하고, 애니메이션을 제작하여 상품화 했을 때 시장성이 있는지 검토하는 일을 한다. 또한 애니메이션 제작에 필요한 인력, 비용 등 예산을 기획하고, 음향이나 카메라, 조명 등을 다룰 수 있는 제작 인력과 감독 등도 섭외해야 한다. 특히 애니메이션을 제작하기 위한 각 과정에 관련된 지식을 갖추고,

제작 시 발생되는 문제점들을 해결하고 기획을 완성할 수 있는 판단력과 추진력이 필요하다.

애니메이션 기획자가 되려면 전공이나 학력의 제한은 없지만, 전문대학이나 대학교의 애니메이션 관련 학과를 졸업하는 것이 도움이 된다. 애니메이션 제작 과정에 대한 이론과 실기는 애니메이션고등학교를 비롯해 전문대학 및 대학교, 사설학원 등 여러 경로를 통해 익힐 수 있다.

- 한국애니메이션제작자협회〈http://www.koreaanimation.or.kr〉

- 한국애니메이션예술인협회〈http://www.kaaa.org〉

- 한국만화애니메이션학회〈http://www.koscas.com〉

- 서울산업진흥원 서울애니메이션센터〈http://www.ani.seoul.kr〉

3장

인공지능 전문가

인공지능 전문가는

인간의 뇌구조에 대한 지식을 바탕으로
컴퓨터나 로봇 등이 인간과 같이 사고하고
의사 결정을 내릴 수 있도록 인공지능 관련 프로그램을
구현하는 다양한 기술을 개발하는 전문가이다.

직업 노크하기

"AI 전문가 없나요?"…구인난에 업계 시름

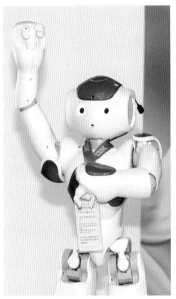 

IBM의 AI 로봇 '나오미'▲ 출처:사진/뉴시스   한준호 영상미디어차장대우▲출처:사진/주간조선

"인공지능(AI) 개발을 경험한 개발자를 국내에서 찾기는 매우 어렵습니다. 기업들은 경력자를 선호하는데, 해외보다 AI의 시작이 늦다보니 경험자를 구하기는 하늘의 별따기네요."

국내 정보통신기술(ICT) 기업들이 AI 구인난에 시달리고 있다. 구글의 알파고가 기폭제 역할을 하면서 각종 AI 서비스들이 등장하고 있지만, 정작 기업들은 AI를 경험한 개발자를 시장에서 찾기 어렵다고 하소연한다.(생략)

구인광고를 낸 기업들은 AI 관련 개발 경험을 자격 조건으로 내세웠지만 눈높이에 맞는 인력 확보는 쉽지 않다. 한 헤드헌팅 전문기업의 임원은 "기업들이 AI 전문 인력을 많이 찾고 있지만, 경험을 갖춘 후보자가 거의 없는 상황"이라며 "기존 연구소 인력들은 잘 움직이지 않아, 국내보다 해외로 눈을 돌리는 기업도 있다"고 말했다. AI는 엔진을 개발하는 영역과 기존에 공개된 AI의 API(애플리케이션 프로그래밍 인터페이스)를 활용해 응용 서비스를 만들어내는 영역으로 나뉜다. 엔진 개발이 핵심이지만 이는 단기간에 성과를 내기 어렵다. 사람과 소통할 수 있는 능력을 갖추고 각종 언어나 특정 영역의 전문지식 등을 학습하는 과정까지 거쳐야하기 때문이다. 인력 부족 속에 기업들은 AI 인력 육성에 직접 나섰다. SK주식회사 C&C는 대학교와 손잡고 미래 핵심 개발자로 성장할 인력 확보에 나섰다. AI 분야 연구실을 갖춘 대학원 재학생을 대상으로 AI 장학생을 선발한다. 장학생으로 선발되면 등록금 전액과 월별 연구 지원금이 지원되며, 졸업 후 회사에 입사해 AI 분야에서 연구개발을 담당하게 된다.

이기열 SK㈜ C&C 디지털·금융사업부문 전무는 "AI 엔진 개발 인력이 부족한 것이 사실"이라며 "AI 장학생은 중장기적으로 보고, 핵심 인력을 육성하려는 것"이라고 말했다. 또 "AI 엔진을 보유한 기업들이 공개한 오픈 API를 활용한 응용 분야는 기존의 시스템통합(SI) 프로젝트에서 근무하던 개발자를 투입해 서비스를 만들 수 있다"며 "하지만 글로벌 기업들과 경쟁할 수 있는 AI 엔진 개발은 적어도 3년은 걸릴 것"이라고 전망했다. (이하 생략)

출처 : 뉴스토마토 2016년 10월 4일 기사문
(http://www.newstomato.com/ReadNews.aspx?no=694729))

인공지능은 지능을 가진 기계나 컴퓨터 프로그램을 만드는 공학을 의미한다. 인공지능은 1943년에 워렌 맥클록(Warren McCulloch)과 월터 피츠(Walter Pitts)의 인공 신경망 연구를 통해 처음으로 알려졌다. 2000년대에 들어 인공지능 전문가들은 구체적인 목적을 설정하고 학습하는 기계, 로봇 공학, 컴퓨터 비전 등 인공지능과 관련된 하위 영역을 세부적으로 연구하고 있다.

인공지능 전문가는 인공지능 분야의 전문 인력을 말한다. 그들은 컴퓨터나 로봇 등이 인간과 같이 사고하고 의사 결정을 할 수 있도록 인공지능 알고리즘을 개발하거나 프로그램을 구현할 수 있는 기술을 개발한다. 인공지능 전문가가 개발한 기술은 인간의 학습능력, 추론능력, 지각능력, 언어 이해 능력 등을 컴퓨터 프로그램으로 실현하는 기술이기에 다양한 IT 분야의 로봇, 게임, 물체 인식, 전문가 시스템 등을 구현하기 위한 세부 기술로 활용되고 있다.

인공지능 전문가란?

과학과 정보기술의 급진적인 발달로 인공지능적 요소를 도입하여 다양한 분야의 문제를 해결하려는 시도가 우리 사회 곳곳에서 활발하게 진행되고 있다.

인공지능(Artificial Intelligence, AI)은 쉽게 말해 '인공적으로 지능을 실현하는 기술, 혹은 과학'을 의미한다. 인공지능(AI)은 인간의 지능으로 가능한 사고, 학습, 자기계발, 여러 분야의 문제 해결 등을 컴퓨터로 실현하는 방법을 연구하는 컴퓨터 공학 및 정보기술의 한 분야라고 할 수 있다.

▲ 인공지능 전문가   출처: 연합뉴스   ▲ 일본의 모바일 이동통신사 소프트뱅크의
대화형 로봇 페퍼(Pepper)

인공지능 전문가는 인공지능을 개발하기 위하여 실제 다양한 분야의 소프트웨어를 개발한다. 자세히 말하면, 인간의 뇌구조에 대한 지식을 바탕으로 컴퓨터나 로봇 등이 인간과 같이 사고하고 의사 결정을 내릴 수 있도록 인공지능 알고리즘과 인공지능을 프로그램으로 구현하는 기술을 개발하는 전문가를 의미한다.

특히, 프로그래밍 언어에 대한 전문기술을 결합시키고 신경망, 전문가 시스템, 지식베이스 시스템, 퍼지이론(불확실함의 양상을 수학적으로 다루는 이론) 등에 관한 연구를 수행한다.

인공지능 시스템의 범주는 '사람'과 '이성', 그리고 '생각'과 '행동'을 중심으로 네 가지 영역으로 나누어 볼 수 있는데, 인공지능 전문가는 인간에 대한 이해를 바탕으로 하여 연구를 추진한다. 또한, 컴퓨터와 로봇 등이 사람처럼 행동하는 시스템, 사람처럼 생각하는 시스템, 이성적으로 생각하는 시스템, 이성적으로 행동하는 시스템을 갖출 수 있도록 다양한 분야의 기술을 전문적으로 개발한다.

　인공지능은 로봇, 영상 및 음성인식, 게임, 빅데이터 등의 핵심기술이기에 인공지능 전문가는 소프트웨어 개발, 시스템 설계 및 프로그램 개발자, 소프트웨어 엔지니어, 시스템 개발자, 웹디자이너, 컴퓨터 게임 디자이너 등의 IT 분야에서 주로 활동한다.

인공지능 전문가가 되려면

　우리나라에서 인공지능 전문 인력은 로봇, 게임, 컴퓨터, 프로그래밍 언어 등과 관련된 전산학과, 전기전자공학과, 기계공학과, 로봇공학과, 산업공학과 등의 대학원에서 양성되고 있다. 인공지능을 개발하기 위해서는 대학원 이상의 수준에서 신경망, 퍼지, 패턴 인식, 전문가 시스템, 자연어 인식, 이미지 처리의 컴퓨터 시각 연구, 로봇 공학 등의 전공을 선택하는 것이 필요하다.

　인공지능 전문가가 되면 소프트웨어 관련 전문지식을 기반으로 해서 컴퓨터공학, 정보공학, 정보시스템, 데이터 프로세싱이나 이와 관련한 인공지능 관련 분야로 진출할 수 있다.

02 누구에게 어울릴까

흥미와 적성

지능이란 배우고 이해하며 문제를 풀고 결정을 내리는 능력을 말한다. 인공지능(AI)이란, 인간의 지능이 필요한 작업을 기계도 할 수 있게 만드는 것을 목표로 하는 과학이다. 따라서 인공지능 전문가는 인공지능이라는 분야에서 새로운 것에 대한 호기심을 다양하게 갖고, 지능적인 기계를 만들기 위한 주체로서 지식을 획득하고 구성할 수 있는 창의적 문제 해결력을 갖추어야 한다.

특히, 수리적 이해 능력을 배양하고 창조적인 아이디어로 다양한 지식과 기술을 응용하고 총체적으로 활용할 수 있는 능력이 요구된다. 급변하는 정보기술 사회에서 다양한 맥락을 고려하여 사고할 수 있는 융통성과 유연성을 지니고, 체계적으로 연구를 계획하고 실행할 수 있는 진취적인 자세를 지니고 있어야 한다.

또한, 컴퓨팅 기술 능력에 자질을 갖추어야 한다. 배움에 대한 욕구와 호기심을 유지하고, 비판적인 사고를 늘 실천하는 자세를 지녀야 한다. 21세기 정보화 사회에서 문화, 기술, 과학, 경제 등의 흐름을 빠르게 파악하고 대응할 수 있는 적응 능력을 배양하는 것도 중요한 요소가 된다.

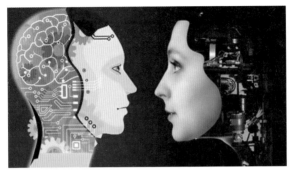

<출처 : 구글 이미지 검색>

미국·일본·독일 등 선진국은 일찌감치 인공지능연구소를 만들어 전폭적인 지원을 하고 있다. 현재 우리나라는 일부 대학 연구소에서 프로젝트 단위의 사업을 수행하고 있지만 앞으로는 인공지능 전문가 육성을 위한 지원이 더욱 체계적으로 이뤄질 전망이다.

미래창조과학부는 인공지능 1개 대학컨소시엄을 선정해 '인공지능분야 SW기초연구센터'를 설립하는 방안을 마련했다. 즉, 대학·연구소·기업 등이 참여하는 개방형 인공지능 기술 연구에 15억 원을 지원하고, 2015년부터 전문 연구 인력을 양성할 계획을 수립하였다. 또한 인공지능 분야 전문 연구개발 프로젝트(엑소브레인(Exo-Brain)프로젝트)에 연간 80억 원을 4년간 지원하고, 연구개발 성과에 따라 10년간 더 지원하는 등 단계적으로 지원을 확대할 계획이다. 이에 따라 인공지능 관련 산업(정보검색, 기계학습, 자율주행, 추론기법, 영상·음성인식, 패턴인식, 자율협업, BCI(Brain Computer Interface)) 및 인공지능 관련 학문이 활성화되면서 인공지능전문가로 일할 수 있는 기회도 함께 확대될 전망이다.

따라서 인공지능 전문가로 진출하기 위해서는 컴퓨터공학, 정보공학, 정보시스템, 데이터 프로세싱이나 이와 관련한 전공 분야에서 최소한 학사 학위 이상을 취득하고 대학(원) 수준에서 신경망, 퍼지, 패턴 인식, 전문가 시스템, 로봇공학 등의 관련 전공으로 특화된 교육을 받는 것이 좋다. 관련학과로 전산학과, 전기전자공학과, 소프트웨어학과 등이 있고, 특수 학과로 바이오뇌공학과 등이 있다.

인공지능 전문가가 되면 로봇 설계뿐 아니라 게임, 재생에너지, 검색엔진, 빅데이터, 영상·음성 인식 등 다양한 영역에서 활동할 수 있다. 또한, 관련 분야의 연구소나 기업체로 진출할 수 있다.

근래에는 인공지능(AI)에 대한 관심이 높아지고 이 분야에 다양한 투자가 이뤄지면서 글로벌 ICT 업계에서는 인공지능 전문가 인재를 유치하기 위한 경쟁이 진행 중이다. 대한무역투자진흥공사(KOTRA)에 따르면 구글과 애플, 페이스북, MS, 바이두 등 실리콘밸리 지역의 글로벌 기업들은 인공지능 분야를 차세대 기술혁명으로 인식하고 인공지능 전문가 영입에 총력을 다하고 있다.

집단지성 플랫폼을 제공하고 있는 퀴드(Quid)는 2015년 인공지능 전문가 채용을 위해 약 85억 달러(약 9조3500억원)를 지출했다. 이는 2010년 대비 4배 규모다. 또 우버는 2015년 카네기멜론 로보틱스 연구소 연구원 140명 중 40명을 채용해 자율주행차 연구팀을 구성했다. 애플 역시 2015년 인공지능 전문가 80여 명을 채용하고 꾸준히 인공지능 박사 출신 영입 기회를 모색하고 있다.

인공지능 전문가 영입을 위한 기업 인수합병(M&A)도 활발하게 진행 중이다. 구글은 제프리 힌튼 토론토 교수를 영입하기 위해 그가 설립한 캐나다 머신러닝 업체 디엔엔(DNN) 리서치를 인수했다. 우버 역시 자율주행 인공지능 분야 전문가 확보를 위해 자율주행 트럭을 제작하는 오토(Otto)를 약 6억8000만 달러(7490억원) 규모의 인수 조건에 합의했다.

페이스북은 AI 연구의 1인자를 스카우트해 2013년 인공지능연구소를 설립했고, 관련 벤처기업을 속속 인수하고 있다. 애플도 인공지능 전문가를 확보하기 위해 지난해와 올해 벤처기업을 꾸준히 인수하고 있다.

(▲참고: 기사문 IT 조선 2016년 10월 3일자 "인공지능 전문가 어디 없소"...글로벌 ICT 업계, 인공지능 전문가 영입 전쟁 중)

03 진로독서 함께해요

첫 번째 독서 활동

도서	마노의 인공지능 로봇	도서정보	임시혁/ 인문학카페 / 2016년
교육과정 핵심역량	비판적 · 창의적 사고 역량, 자료 · 정보 활용 역량, 자기 성찰 · 계발 역량	직업군	인공지능 전문가

『마노의 인공지능 로봇』은 인간과 기계가 함께 있는 공간, 장난감 공장에서 펼쳐지는 이야기이다. 마노의 삼촌은 마을 변두리에서 장난감 공장을 운영하며 로봇을 만들고 있다. 덕분에 마노는 생일이면 장난감 로봇을 선물로 받아 친구들의 부러움을 샀다. 하지만 언제부턴가 삼촌의 선물이 기쁘지 않다. 장난감은 어린애들이나 가지고 노는 거라는 생각 때문이었다. 생일을 하루 앞둔 마노는 사춘기 소년에 어울리는 그럴듯한 선물을 달라고 장난감 공장으로 삼촌을 찾아간다. 그런데 뜻밖에도 장난감 로봇이 아닌 '인공지능 로봇'을 선물로 받게 된다. 로봇은 인공지능이 장착되어 '말'을 할 수 있고, 인간과의 대화도 가능하였다. 이 책을 읽으며 이야기를 따라가면

논리와 논증, 정합, 삼단 논법, 딜레마 논법, 유비 추리, 가설 추리, 역설 등 논리학의 주요 용어와 생각들을 실생활과 연관해 재미있게 체험할 수 있다.

교육과정 연계 독서 활동

가. 비판적 · 창의적 사고 역량

인공지능 로봇은 다른 장난감 로봇과 어떤 점이 다른지 세 가지 이상 적어 보세요.

> 인공지능 로봇은 다른 장난감 로봇과 다르게 말을 할 수 있다. 왜냐하면 컴퓨터로 만든 인공지능을 지니고 있기 때문이다. 또한, 인간과 자연스럽게 대화를 할 수도 있고, 인간이 해결하기 어려운 문제를 스스로 해결할 수도 있다.

비슷한 것을 가지고 추측하는 논리적인 과정을 '유비 추리', 줄여서 '유추'라고 합니다. 우리가 새로운 무엇인가를 만들어낼 때 많이 사용하는 방법입니다. 그렇다면 인공지능 로봇도 '유추'를 할 수 있을까요?

아직 로봇에게는 어려운 일이다. 100% 완벽한 논리가 아니면 인공지능 로봇은 이해하기가 어렵다. 인공지능 로봇은 빠르고 정확하지만, 정해준 논리대로만 생각하고 결론을 내릴 수 있다. 즉, 자유롭게 생각하는 방법을 모른다.

나. 자료 · 정보 활용 역량

과학 · 기술의 발전으로 다양한 종류의 인공지능 로봇이 개발되고 발전하고 있습니다. 현재 우리 주변에는 어떤 인공지능 로봇이 존재하는지 조사하여 볼까요?

인공지능 로봇 나오미가 있다. 나오미는 IBM의 인공지능(AI)플랫폼인 왓슨(WATSON)을 사람의 두뇌처럼 장착한 로봇이라고 한다. 인공지능 로봇인 나오미는 인간의 언어를 그대로 알아듣고 눈앞에 보여준 이미지도 정확히 인식한다고 한다. 인공지능 로봇 지보가 있다. 지보는 인간의 감정을 어느 정도 흉내 낼 수 있고, 자체 카메라를 통해 얼굴을 인식하고 사람이 포즈를 취하면 사진을 찍어주며 사진을 클라우드로 전송 할 수 있다. 또한, 사람들과 이야기를 나누면서 사람의 표정을 인식하여 적절한 반응을 할 수 있다.

📢 인공지능 로봇의 등장으로 인간보다 로봇이 잘하는 일이 많아지면 과연 좋을지 자신의 의견을 적어 보세요.

> 좋을 것이라고 생각한다. 왜냐하면 인간 스스로 해결하기 어려운 일을 빠른 시간 안에 효과적으로 처리할 수 있기 때문이다./ 좋지 않을 것이라고 생각한다. 왜냐하면 다양한 일자리가 줄어들고, 인공지능 로봇으로 인해 인간의 삶의 다양한 권리들이 로봇에 의해 무시당할 수도 있기 때문이다.

다. 자기 성찰 · 계발 역량

📢 인간이라서 인공지능 로봇이 할 수 없는 판단을 하고 추리도 할 수 있습니다. 그러나 인간이라서 그만큼 실수를 저지르기도 쉽습니다. 인간이 로봇과 다르게 저지르는 실수에는 어떤 것들이 있을까요?

> 인간은 어쩌면 스스로 옳다고 생각했던 것들 중에는 실제로도 잘못된 것들이 있을 수 있다. 또한, 이미 마음속으로 판단해 버리는 '선입견'도 다양하게 지니고 있다. 그러므로 자신의 생각이 다른 사람들이 '객관적으로' 생각할 때도 올바른 것인지 한 번쯤 돌아볼 필요가 있다.

우리 삶을 더욱 가치 있게 하고 의미 있는 세상으로 만들어 줄, 인공지능 로봇을 개발한다면 어떤 기능을 개발하고 싶은지 적어보고, 그렇게 생각한 까닭을 적어 보세요.

인간 대신 위험한 상황이나 환경 속에서 다양한 업무를 수행할 기능을 지닌 로봇을 개발하고 싶다. 왜냐하면 그러한 로봇이 개발되면 사람들이 위험한 상황에 처하게 되는 것을 막을 수 있고, 인건비를 절약할 수 있기 때문이다.

3단계별 이야기식 진로독서활동

가. 배경지식으로 찾아보기

로봇은 무엇이며, 어떤 조건을 갖추어야 하는지 조사해 보세요.

예) 로봇은 기계 인간과 비슷한 형태를 가지고 걷기도 하고 말도 하는 기계 장치를 의미한다. 로봇은 인간에게 복종해야 하고, 물건을 잡거나 운반할 수 있고, 주위 상황의 변화에 대응할 수 있는 것이어야 한다.

🔊 인공지능 로봇 중, 한 가지를 찾아보고, 어떤 특징이 있는지 알아보세요.

돔지는 루보가 만든 애완용 로봇이다. 루보의 AI기술과 안면인식 시스템으로 감정을 표현하고 주인을 알아본다. 얼굴에 있는 터치스크린은 로봇의 감정을 애니메이션으로 표현한다. 또한 이 터치스크린으로 돔지 애플리케이션(앱)을 띄워 조작할 수 있으며, 앱을 연동하면 스마트폰으로도 조작 가능하다. 소리로도 다양한 감정을 표현한다. 강아지처럼 으르렁거리거나 칭얼거리는 소리도 내며, 크게 고함을 지르기도 한다.

〈출처: http://www.asiae.co.kr/news/view.
htm?idxno=2016061710470669190〉

나. 책 속에서 진로 찾기

🔊 마노의 삼촌처럼 인공지능 로봇을 만들려면 어떤 기술을 실현할 수 있는 능력을 갖추어야 할까요?

자연어 처리를 가능하게 하는 기술이 필요하다. 자연어 처리는 영어처럼 사람이 쓰는 언어의 구두 명령을 컴퓨터가 알아듣게 하는 인공지능 기술이다. 자연어 처리 프로그램 개발은 현재 계속해서 발전이 되고 있는 분야다.

이미지 인식이 가능한 프로그램을 개발하는 능력이 필요하다. 그래픽 형상(Graphic pattern)이나 화상(Image)을 분별해내는 능력도 인공지능과 관련이 있다. 컴퓨터 프로그램을 통한 이미지 인식은 인지 및 추상과 관계가 있기 때문이다. 컴퓨터에 연결된 원격장치가 화상을 읽고 인지한 뒤 디지털 펄스의 형상으로 변화시키면 이 형상이 차례로 컴퓨터의 기억장치에 저장된 펄스 형상과 비교되는 방식이다.

자연과학이든 사회과학이든 과학은 가설을 세우고 그것을 검증하는 과정을 거칩니다. 우리 주변의 다양한 직업에서도 '가설 추리'를 실천해야 하는 직업이 많이 있습니다. 그 예에는 어떤 직업들이 있을지 조사해 봅시다.

과학자/ 형사/ 천문 연구원/ 지질학 연구원/ 의학 연구원/ 내과 의사/ 인공지능 전문가/ 컴퓨터 프로그램 개발자 등

📢 인공지능 기술의 눈부신 발달로 다양한 응용 영역은 급속하게 확대되고 있습니다. 인공지능 기술의 발전으로 새롭게 떠오르고 있는 미래 유망 직업에는 무엇이 있는지 조사하여 소개해 보세요.

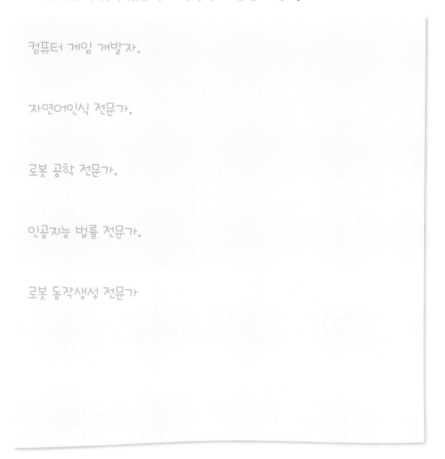

컴퓨터 게임 개발자.

자연어인식 전문가.

로봇 공학 전문가.

인공지능 법률 전문가.

로봇 동작생성 전문가

📢 하나의 로봇이 탄생하기까지 어떤 분야의 전문가들이 참여하게 될지 생각해 보아요.

로봇은 첨단 기술의 과학의 집합체라고 할 수 있다. 따라서 로봇을 정밀하게 설계하는 전문가에서부터 로봇 제어 전문가, 로봇 동작생성 전문가, 프로그램 개발 전문가, 로봇지능전문가, 소프트웨어 엔지니어, 시스템 개발자, 음성정보처리 시스템 전문가 등이 개발에 참여하고 있다.

〈출처: 연합뉴스〉

    사람과 자연스러운 대화가 가능하고 환경변화에 스스로 적응할 수 있는 인공지능 로봇들이 속속 개발되고 있다. 그러나 이러한 인공지능 로봇의 개발이 고도화될수록 그 부작용과 문제에 대해 걱정하는 사람들도 증가하고 있다.

📢 토론 주제 : 인공지능 로봇의 개발을 계속해서 고도화해야 한다.

진로독서 논술

내가 만일 인공지능 전문가가 되어 '인공지능 로봇'을 개발하였다고 가정하여 보세요. 사람들에게 이 로봇을 어떻게 소개하고 싶은지 다음 표에 정리하여 적어 보세요.

• 이름은 무엇인가요?	
• 무슨 일을 할 수 있나요?	
• 누구에게 꼭 필요한 로봇인가요?	
• 어떤 일을 할 때, 도움을 받을 수 있나요?	
• 사용할 때, 주의할 사항은 무엇인가요?	

도서	로봇, 인공지능 시대, 로봇과 친구가 되는 법	도서정보	나타샤 셰도어/ 이충호 옮김 / 길벗어린이 / 2016년
교육과정 핵심역량	의사소통 역량, 문화 향유 역량, 공동체 · 대인관계 역량	직업군	인공지능 전문가

『로봇, 인공지능 시대, 로봇과 친구가 되는 법』은 2016 볼로냐 어린이 국제 도서전 '라가치 상' 수상작이다. 로봇의 기원부터 로봇의 해부학적 구조와 온갖 로봇에 관한 정보까지, 이 책에는 로봇에 관한 모든 것이 담겨 있다. 공장에서 일하는 로봇, 집에서 일하는 로봇, 로봇 선생님, 장난감 로봇, 위험한 곳에서 일하는 로봇 등 온갖 일을 하는 로봇 이야기를 읽고 있노라면 이미 로봇이 우리 생활에 깊숙이 들어와 있음을 깨닫게 된다.

또 기계를 인체에 결합해 인간의 신체 능력을 향상시키는 '증강 인간' 연구(일종의 슈퍼맨을 만드는 연구) 등의 흥미로운 이야기도 가득하다. 물론 여기에서 끝난다면 로봇 공학의 현주소를 확인하는 것뿐이다. 이 책에서는 더 나아가 로봇이라는 존재가 가져올 여러 문제와 고민거리 들을 윤리적 관점에서 살펴 볼 수 있다.

교육과정 연계 독서 활동

가. 의사소통 역량

컴퓨터가 발명되자, 로봇에게 '뇌'를 만들어 줄 가능성이 생겨났습니다. 논리적으로 생각하고, 더 나아가 현명하게 판단하는 로봇이 탄생할 수 있게 하려면 우리는 어떠한 노력을 기울여야 할지 생각하여 보세요.

인공지능 로봇을 만들기 위해서는 컴퓨터의 정보 처리 방식을 인간의 사고 방식(상황을 파악하고 분석 한 뒤 결정을 내리고 행동에 옮기는 방식)과 비슷하게 만들어야 한다. 즉, 주어진 문제를 로봇 혼자서 풀려면 기억 장치에 저장된 정보를 새로운 정보와 결합할 수 있어야 한다. 이러한 기능은 우리 뇌가 일상적으로 손쉽게 수행하는 기능이지만, 기계가 이 일을 해내려면 여러 페이지에 이르는 프로그램이 필요하다.

이 책에 의하면 이미 오래전부터 프랑스 초등학교에서는 공이나 거북처럼 생긴 학습 로봇들이 교실에서 기어다니고 있다고 합니다. 이들 로봇은 교실 곳곳을 돌아다니며 학생들에게 수학이나 컴퓨터의 기초를 재미있는 방식으로 가르쳐 준다고 합니다. 로봇 선생님이 등장하면 우리 학급의 분위기는 어떻게 바뀔지 상상해 볼까요?

공부를 하다가 어려운 문제를 쉽게 물어 볼 수도 있고, 스스로 해결하기 어려운 다양한 수학 문제나 개념을 로봇이 이해하기 쉽게 설명해 주어서 즐겁게 공부할 수 있을 것 같다. 또한, 담임 선생님이 로봇 선생님의 도움을 받아서 수업 준비를 더 알차고 재미있게 할 수 있을 것 같아 교실 분위기가 더욱 살아나고 생동감 있게 바뀔 것으로 생각한다.

장난감 로봇 중에는 무용수 로봇도 있고, 인간의 감정을 흉내내어 청중을 즐겁게 하는 로봇도 있습니다. 이러한 장난감 로봇은 어린이뿐만 아니라 청소년 사이에서도 큰 인기를 누리게 됩니다. 그렇다면 이러한 로봇들을 단순히 장난감에 불과하다고 할 수 없는 까닭은 무엇일지 친구들과 이야기하여 보세요.

인간의 다양한 감정을 공유 할 수 있고, 대인 관계에서만 형성할 수 있는 인간적 유대감이나 희로애락을 느낄 수 있는 통로가 되기 때문이다.

인공지능 로봇의 등장으로 많은 사람들이 큰 매력을 느끼기도 하지만, 상상이 빚어낸 두려움이나 근거 없는 불안감을 느끼는 사람들도 있습니다. 결국 인간들이 원하는 로봇은 어떠한 존재인지 말하여 보세요.

위대한 SF 소설 작가인 아시모프는 모든 로봇 설계자는 다음 세 가지 원칙을 반드시 지켜야 한다고 말하였다.

첫째, 로봇은 인간에게 해가 되는 행동을 해서는 안 된다. 또는 아무런 행동도 하지 않음으로써 인간을 위험에 빠지게 해서는 안 된다.

둘째, 로봇은 인간의 명령에 복종해야 한다. 단, 그 명령이 첫 번째 원칙을 어기는 것일 때에는 예외로 한다.

셋째, 로봇은 자신을 보호해야 한다. 단, 그러한 보호 행동이 첫 번째와 두 번째 원칙을 어기는 것일 때에는 예외로 한다.

3단계별 이야기식 진로독서활동

최초의 로봇은 어떻게 탄생하였는지 조사하여 보세요.

1960년대에 들어서 로봇은 공상의 단계를 넘어 현실로 다가왔다. 최초의 산업용 로봇은 1961년 미국의 엥겔버거(Joseph Engelberger)가 개발한 '유니메이트(Unimate)'라는 로봇이다. 이 로봇은 포드자동차에서 금형주조 기계의 주물부품을 하역하는 데 처음으로 사용되었다. 일본의 가와사키중공업은 1968년에 미국의 로봇기술을 도입하여 산업용 로봇을 본격적으로 생산하기 시작했다. 이를 매개로 일본은 로봇을 활용한 공장자동화를 통해 세계 최고의 제조업 강국으로 부상할 수 있었다. 1997년에는 일본의 혼다자동차에서 형상과 크기가 인간과 비슷한 2족 보행 아시모(Ashimo) 로봇을 선보였는데, 그것은 지능형 로봇 개발에 새로운 전환점으로 작용하였다. 2000년 이후에는 진공청소 로봇, 잔디깎이 로봇, 장난감 로봇, 수술용 로봇 등 서비스용 로봇이 기하급수적으로 증가하고 있다.

집에서 일하는 다양한 로봇이 개발되고 있습니다. 과학자들은 끊임없이 로봇의 성능을 개선하여 복잡하고 다양한 일을 할 수 있는 로봇을 개발하고 있습니다. 로봇은 집에서 어떤 일을 할 수 있을지 알아보세요.

청소를 하거나 온갖 집안일을 하는 가사도우미 로봇을 보통 사람들도 살 수 있는데, 가격은 수십만원대부터 시작한다. 가장 많이 팔린 로봇은 스스로 진공청소기를 돌리는 청소 로봇으로, 1,000만 대 이상이나 팔렸다고 한다.

로봇이 하는 작업은 매우 단순한 것들이고, 평평한 공간에서만 돌아다닐 수 있으며, 활동 범위도 제한되어 있다. 미래의 로봇은 우리가 살아가는 데 필요한 일을 척척 해내고 노인을 돌보거나 어린 아이도 돌볼 수 있는 기능을 하게 될 것이다.

나. 책 속에서 진로 찾기

"머지않아 기계 혼자서 수업을 완전히 책임질 날도 올 거예요. 로봇 선생님 역시 우리나라에서 시험을 하고 있어요. 사람의 감독 하에 로봇 선생님이 출석을 부르고 학생들에게 필요한 지식을 가르치는 거죠." 로봇 선생님이 등장하면 우리 반의 어떤 일을 가장 먼저 해결해 주면 좋을지 상상해 보세요.

로봇 선생님이 등장하여 우리 반의 구석구석 더러운 곳을 청소해 주고, 친구들이 그린 그림을 가지런히 환경 정리판에 정리해 주면 좋겠다./ 수학을 포기한 친구들이 더 이상 수학을 어려워하지 않도록 쉽게 문제를 설명해 주면 좋겠다.

📢 의료용 로봇을 개발하면 그 정확성과 효율성으로 아주 정밀한 외과 수술도 맡길 수 있을 것입니다. 물론 수술 결정을 로봇이 내리는 것은 아니지만, 아주 정밀하게 손을 움직여 수술을 성공적으로 해낼 수 있습니다. 내가 만일 의사라면 의료용 로봇이 옆에 있어 어떤 점이 좋을지 적어 보세요.

의사 일로 많이 피곤한데 의료용 로봇의 도움으로 수술을 성공적으로 할 수 있으며, 환자의 건강상 위험을 빠르게 점검하고 조치를 취할 수 있다.

📢 로봇을 만드는 일을 할 때, 대학에서 어떤 전공을 선택하면 좋을지 알아
보세요.

기계 · 로봇공학전공, 기계로봇에너지공학과, 로봇시스템공학과, 로봇응용
학과, 로봇자동화공학전공, 로봇학부, 제어계측로봇공학과, 제어로봇공학
과, 지능로봇공학과, 로봇공학과 , 전자공학부 제어로봇공학전공, 기계공
학부 기계로봇설계공학전공, 전자공학과, 제어로봇공학전공, 전자공학부
(제어로봇공학전공), 기계공학부(기계로봇설계공학전공) 등

📢 경제학자들은 로봇 때문에 일자리를 위협받는 사람들은 힘든 적응 단계
를 거쳐야 할 것이라고 말합니다. 내가 만일 경제학자라면 이러한 사람
들을 위해서 어떠한 대안을 내놓을 수 있을지 의견을 말해 보세요.

로봇이 할 수 없는 인간의 고유한 영역과 관련된 인력 산업을 다양하게
개발한다./ 로봇의 발전으로 위협받는 인간의 특수한 영역과 관련된 법
적 영역이나 의료 영역의 일자리를 창출한다.

　인공지능 로봇 무기는 전쟁의 무차별적인 피해를 줄이고 민간인의 피해를 줄일 수 있다는 주장이 제기되고 있다. 반면에 인공지능 로봇 무기의 개발은 전쟁을 확대하고, 사람들을 공포와 죽음에 몰아넣을 것이라는 반대운동 또한 확산되고 있다.

📢 토론 주제 : 인공지능 로봇 무기는 우리의 잔인한 적이다.

인공지능 전문가는 극단적인 환경에서 일하는 로봇을 개발할 수 있습니다. 이러한 로봇은 사람이 오랫동안 또는 전혀 머물 수 없는 장소를 탐사하는 로봇도 있습니다. 재난 현장에서 구조 활동을 벌이는 로봇과 심해에서 탐사 활동을 하는 로봇 등이 있습니다. 우리 주변의 다양한 로봇 중에서 인간의 생명을 보호하게 하는 로봇과 관련된 기사문을 찾아 요약해 보세요.

📢 다음 기사 내용을 보고 물음에 답하시오.

[4차산업혁명] 음료캔에도 인공지능(AI) 기술이 들어있다고?
◇ 퍼지이론(fuzzy theory)과 인공지능

▲사진 = 90년대 음료수 캔과 퍼지 인공
지능 기술이 활용된 현재의 음료수 캔)

컴퓨팅 능력이 떨어지던 과거에는 인공지능이 어떻게 활용됐을까?

우리가 자주 접하는 음료캔에서도 인공지능기술을 찾을 수 있다. 과거 음료수 캔은 윗판과 아래판, 그리고 몸체부분의 철판 3조각을 조립하는 방식으로 제작됐다. 지금은 대부분 몸체와 아래판이 이어진 아래 철판과 윗 철판 두 조각이 조립된 형태로 만들어진다.

음료수 캔의 몸체가 되는 아래쪽 철판을 만들기 위해서는 얇고, 고른 철판이 필요했다. 하지만 90년대 초 한국에는 이런 기술이 없었다.

당시 광양제철소는 이 철판을 만들기 위해 많은 시도를 했지만 철판을 프레스로 누르면 갈라지거나 구멍이 뚫리고, 뒤틀림 현상이 나타나기도 했다. 때문에 어쩔 수 없이 일본의 비싼 철판을 수입해 쓰는 수밖에 없었다.

이 교수가 당시 내놓은 대안은 퍼지 컴퓨팅 기술.

퍼지 컴퓨터는 인간의 행동이나 동작을 컴퓨터에 응용하는 것으로, 기존의 컴퓨터가 계산기능이 뛰어난 왼쪽 뇌를 모방해 개발된 것이라면 퍼지 컴퓨터는 인간의 오른쪽 뇌를 모방해 인간적인 사고나 판단기능을 특화시킨 인공지능 기술의 일종이다.

이광형 교수는 기술자들이 생산한 제품 가운데 0.2mm의 얇고 고른 철판이 나오는 순간마다 당시의 압력 정도, 온도, 시간 등 모든 변수를 컴퓨터에 입력했다. 그리고 컴퓨터 스스로가 추론을 통해 가장 적합한 조건들을 계산할 수 있도록 했다. 지금 음료캔의 재료가 되는 얇은 철판을 공장에서 찍어내는 결과를 이끌기까지 꼬박 3년이라는 시간이 걸렸다.

퍼지 컴퓨팅 기술은 대형 건물의 엘리베이터에도 적용됐다. 이 기술이 도입되기 전 엘리베이터는 스스로 판단할 수 없었다. 때문에 사람이 버튼을 누르면 건물 내 모든 엘리베이터가 움직여 비용과 시간이 낭비됐다. 하지만 퍼지 컴퓨팅 기술이 도입되면서 엘리베이터는 스스로 판단해 버튼을 누른 층과 가장 가까이 있는 엘리베이터만 움직일 수 있도록 했다.

이광형 교수는 "1990년대 초 컴퓨터는 계산능력이 떨어져 사람처럼 추론하는 것이 불가능 했다"며 "계산 능력이 향상된 퍼지 컴퓨터 개발 이후 인공지능 엘리베이터나 고른 철판을 만들어내는 일이 가능했다"고 밝혔다.

(출처: 한국경제 기사문 2016년 12월 5일)

1) 인공지능 연구에서 많이 활용되고 있는 퍼지 이론은 무엇인지 조사하여
   보세요.

퍼지(puzzy)란 원래 '애매 모호한', '경계가 명확하지 않은'이라는 뜻이다. 퍼지 이론은 불확실함의 양상을 수학적으로 다루는 이론으로 진위, 즉 참과 거짓을 명확하게 구분하기 힘든 개념을 다루는 시스템의 연구이기도 하다. 모든 것을 진과 위로 명확히 구분하는 이분법의 논리에 따르는 현재의 컴퓨터로는 사람 말의 뜻, 즉 자연언어의 의미를 올바르게 파악하여 인간과 마찬가지로 추론 연상을 한다는 것은 곤란하다. 그래서 진위를 명확하게 구분하기 힘든 개념을 다루는 시스템의 연구가 퍼지 시스템의 이론 또는 퍼지 이론으로서 인공지능이나 지식처리의 연구와는 별도의 관점에서 계속되어 왔다. Yes(1), No(0) 등으로 나눌 수 있는 디지털적 발상이 아니라 어느 곳도 아닌 중간영역에 착안한 것이 특징이며, 특히 정보처리나 제어분야에서 성과가 활발하다. 미국·일본 등에서는 로봇·지하철 자동운행 시스템, 엘리베이터, 음성인식장치, 의료진단 등에 응용하여 실용화하고 있으며, 경영학이나 마케팅 분야에서도 응용을 시도하고 있다.

2) 우리가 자주 접하는 음료캔에서의 인공지능 기술은 무엇인지 찾아보세요.

과거 음료수 캔은 윗판과, 아래판 그리고 몸체부분의 철판 3조각을 조립하는 방식으로 제작됐다. 지금은 대부분 몸체와 아래판이 이어진 아래 철판과 윗 철판 두 조각이 조립된 형태로 만들어진다. 생산한 제품 가운데 0.2mm의 얇고 고른 철판이 나오는 순간마다 당시의 압력 정도, 온도, 시간 등 모든 변수를 컴퓨터에 입력했다. 그리고 컴퓨터 스스로가 추론을 통해 가장 적합한 조건들을 계산할 수 있도록 했다.

3) 퍼지 컴퓨팅 기술은 앞으로 미래 인공지능 기술 중 어떤 부분에 영향을 끼칠 수 있을지 알아보고, 이러한 기술을 더욱 개발하기 위해서 우리는 어떠한 노력을 기울여야 할지 토의하여 보아요.

퍼지 컴퓨팅 기술은 사물인터넷, 빅데이터, 지능형 로봇, 웨어러블 단말 등에서 사용자를 이해하고 사용자와 교감할 수 있는 새로운 차원의 서비스를 제공할 수 있는 기반 기술을 제공할 수 있다. 이러한 기술을 더욱 개발하기 위해서는 다양한 과학 기술 분야를 정부에서 지원하고 활성화하는 노력이 필요하다.

04 미래를 여는 진로 탐색

유사 직업 안내

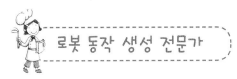

로봇 동작 생성 전문가

　로봇은 모든 과학의 결정체라고 할 만큼 다양한 분야의 전문지식이 총동원되어야 한다. 따라서 로봇 연구원으로 종사하는 사람들의 전공도 수학, 과학과 같은 기초 학문에서부터 컴퓨터, 공학, 전산학, 전기 · 전자, 기계, 바이오 등 아주 다양하다. 로봇 동작 생성 전문가는 인간형 로봇의 동작을 만들고, 제어하고 움직이는 로봇의 이동 경로와 동작 하나하나를 계획하는 일을 한다. 인간형 로봇은 수동적인 기계가 아닌 인간과 자연스럽게 교류하면서 작업하는 신개념 로봇이다.

　따라서 로봇 동작 생성 전문가는 로봇을 사람처럼 상체와 하체를 동시에 움직이게 하고, 음악에 맞춰 춤도 출 수 있게 하고, 원격제어를 통해 사람의 동작을 그대로 따라 하게 하는 프로그램을 계획하고 만드는 일을 하는 사람을 말한다.

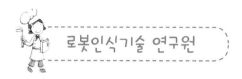

로봇인식기술 연구원

로봇인식기술 연구원은 로봇에게 외부 환경에 대한 정보를 주어 대응해야 할 물체나 위치에 대한 인식 능력을 가질 수 있도록 하는 일을 한다. 세부 직업으로 물체 인식 연구원은 미리 학습 된 지식정보에 의해 로봇이 물체의 영상을 보고, 그 종류 및 크기 등 3차원적 공간 정보를 실시간으로 알아내게 하는 연구를 수행하며, 위치인식 연구원은 로봇 스스로 주어진 환경에 대해 공간 지각 능력을 갖게 하는 연구를 수행한다. 두 연구 분야는 로봇의 자율이동 기능에 핵심이 되는 분야이다.

로봇인식기술 연구원은 전기, 전자, 통신 등의 전공이 필요하며 외부 환경 영상을 처리, 인식, 이해할 수 있도록 인공시각시스템을 구현하는 기술과 함께 디지털 이미지 처리 및 영상 데이터를 데이터베이스화 할 수 있는 응용소프트웨어 기술이 필요하다.

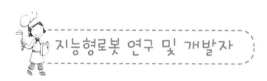

지능형로봇 연구 및 개발자

'지능형로봇'이란 외부환경을 스스로 인식하고 상황을 판단하여 자율적으로 동작하는 기계 장치를 말한다. 이러한 지능형로봇을 개발하기 위해 연구하고 개발을 수행하는 사람을 '지능형로봇 연구 및 개발자'라고 할 수 있다.

이를 위해서는 기계공학, 메카트로닉스공학, 전기공학, 전자공학, 제어

계측공학 등의 전공이 요구된다. 기본적으로 지능형로봇 개발에 필요한 기술을 로보틱스, 핵심반도체 제조기술, 로봇재료에 필요한 마이크로-메카트로닉스, 정보와 미디어를 실시간 연결하는 텔레프리즌스 및 바이오-메카트로닉스 등 이다.

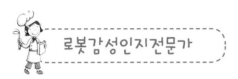

로봇감성인지전문가

로봇감성인지전문가는 인간과 로봇의 감성적 인터페이싱에 대해 연구하여 로봇이 가장 효율적이고 효과적으로 인간의 의도에 따라 작동할 수 있도록 하는 업무를 수행한다.

세부 전문기술자로 사람의 감정을 로봇이 이해할 수 있도록 하는 인공감성기술자, 생체와 로봇의 생체적 연결고리를 만드는 바이오-인터페이스 기술자, 사람 표정의 인식 등을 통해 인간의 의도를 알아내는 표정인지 기술자 등이 있다.

- 한국로봇산업협회 http://korearobot.or.kr

- ITC로봇문화협회 www.itrc2014.org

- 대한로봇축구협회 www.krsa.org

- 대한로봇교육문화협회 www.kreca.svr.kr

4장

케어매니저

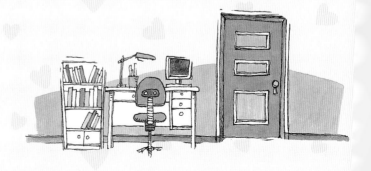

케어매니저는
환자나 노인의 요양을 전문적으로 담당하는 전문가로,
요양 이용자에게 제공하는 서비스를 총괄하며,
요양보호사에 대한 교육훈련을 실시하는 미래 유망
직업이다.

직업 노크하기

우리는 앞으로 무슨 일을 하면서 여생을 보낼 것인가?

(출처 : 문화일보 2015.11.3)

나는 내 집권기의 자료인 5,000쪽 분량의 일지를 바탕으로 〈신념을 지키며〉
의 집필 작업을 끝마쳤다. 그 뒤로부터 나는 도서관의 건립 기금을 마련하는 데
대부분의 시간을 쏟아 부었다. 그런데 기부자를 널리 확보하려면 그저 '우리의
백악관 기록물을 보관한다.'는 목적보다 훨씬 바람직한 대의를 내세울 필요가 있
었다.

이 필요성은 '우리는 앞으로 무슨 일을 하면서 여생을 보낼 것인가?'하는 우리가 직면한 또 다른 문제와 관련되어 있었다. 나는 이 문제에 대해 얼마나 진지하게 고민했는지 심지어 꿈속에서조차 떠오를 지경이었다. 나는 평소 깊은 잠에 빠지는 편이었는데, 로잘린은 어느 날 한밤중에 잠을 이루지 못한 채 침대 위에 앉아 있는 내 모습을 발견하고 깜짝 놀라 이렇게 물었다. "지미, 무슨 일이 있나요? 당신 어디가 아픈 겁니까? 악몽에 시달렸나요?" 나는 이렇게 대답했다.

"그런 건 아니지만, 나는 대통령 도서관을 건립하는 일 말고도 우리가 무슨 일을 할 수 있을지 줄곧 고민해왔소. 우리는 캠프 데이비드와 유사한 성격의 공공 시설을 운영할 수 있고, 특정한 전쟁에 관련된 당사자들을 그곳에서 만날 수 있소. 또한, 우리는 분쟁을 해결하거나 방지하는 방법을 연구하고 가르칠 수도 있어요." 이렇게 해서 카터재단은 출범되었다.

(출처 : 진정한 리더는 떠난 후에 아름답다, 지미 카터, 중앙북스, 2008)

지미 카터에 대한 평가는 한 마디로 '아이러니'다. 재임 당시에는 무능한 대통령이라는 지탄을 받았고 연임에도 실패했다. 그러나 오늘날에는 미국 역사상 가장 빛나는 전직 대통령 가운데 한 명으로 존경받고 있다. 1982년 지미 카터가 설립한 카터재단은 전 세계에서 눈부신 활약을 펼치고 있다. 독재국가의 선거 감시 활동을 통해 민주주의 확립을 돕고, 각종 질병퇴치 활동을 통해 제3세계 빈민층의 생존권을 지키며, 한반도 문제를 비롯한 여러 국제분쟁에 조정자로 나서는 등 활발한 활동을 벌이고 있다. 특히 빈민을 위한 집짓기 운동 '해비타트(habitat)'가 전 세계로 확산된 것은 지미 카터 덕분이라고 해도 과언이 아니다. 이처럼 세계 평화를 위한 노력을 인정받아 그는 2002년 노벨평화상을 수상하기에 이른다. 작은 좌절 앞에 쉽게 '은퇴'를 떠올리는 우리네 삶에, 지미 카터의 이야기는 신선한 자극을 준다.

우리나라의 노인 인구는 유례를 찾기 어려울 정도로 급속하게 증가하고 있다. 앞으로 65세 이상 인구가 계속해서 늘어날 것으로 예상된다. 다시 말해서 2018년에는 고령사회, 2026년은 초고령사회가 될 것으로 전망된다. 이러한 노인 인구의 증가, 생활수준의 향상에 따라 의료 및 복지 서비스의 요구가 증대되고 있으며, 보건 복지 관련 직업은 미래 사회에 더욱 중요한 역할을 수행할 것으로 예상된다.

출처 : 함께일하는 재단

케어매니저는 노인장기요양보험 시행과 동시에 직접적으로 요양서비스를 제공하는 요양보호사의 업무를 체계적으로 관리하고, 지원해야 할 필요성이 제기되면서부터 출현하게 되었다. 케어매니저는 환자나 노인의 요양을 전문적으로 담당하는 전문가로 요양 이용자에게 제공하는 서비스를 총괄하고 조정한다.

또한 요양보호사가 좋은 서비스를 제공할 수 있도록 교육훈련을 실시한다. 더불어 요양서비스를 원하는 고객의 개인별 상황과 특성에 맞는 차별된 서비스를 계획하고, 요양서비스 제공을 위한 회의를 기획 진행하고 수행된 서비스를 평가한다. 노인장기요양보험은 고령이나 노인성 질병 등의 사유로 일상생활을 혼자서 수행하기 어려운 노인들에게 신체활동 또는 가사활동을 지원하는 사회보험제도이다. 요양보호사의 활동을 지원하고 이력을 관리함으로써 요양서비스의 질을 전반적으로 향상시킬 수 있는 중요한 지점에 케어매니저가 자리 잡고 있다.

 케어매니저가 되려면

고령화시대에 노후생활을 안정적으로 유지하려면 가족, 건강, 생활유지 등을 고려한 노후 대비가 필요하며, 이런 서비스를 전문적으로 받고자 하는 수요가 늘어날 전망이다. 특히 건강문제뿐 아니라, 연금이나 저축 등으로 재정적인 준비를 하는 방법, 죽음을 맞거나 죽음 이후에 발생할 문제를 미리 대비하는 방법 등 다방면의 문제를 조언할 케어매니저를 찾는 사람들이 늘어날 전망이다.

우리나라에서는 케어매니저가 되기 위한 특별한 자격 제도는 아직 시행되고 있지 않다. 하지만 노인복지를 비롯한 다양한 분야의 전문적인 지식과 자격을 갖춘 인력들이 필요한 시점이다. 우선 사회복지사, 임상심리사, 정신보건전문요원과 같은 자격증을 취득하거나 관련 분야에 경력이 있으면 유사한 지식이나 기술을 업무에 활용할 수 있다. 또한 노년층에 대한 이해와 상담 분야 지식, 풍부한 인생 경험도 중요하다. 때문에 퇴직한 중년층, 심리상담사 자격 보유자, 강의 경력자 등이 일을 하는 데 적합하다. 직접적인 관련 전공은 없지만, 상담심리, 노인상담, 사회복지 관련 전공을 하면 일을 시작하고 수행하는 데 도움이 된다. 필요한 공부로는 고령화 사회의 문제점, 노년층에 대한 이해와 상담, 사회복지 분야 지식이 필요하며, 민간자격으로는 노후설계사, 노후설계상담사 등이 있다.

우리나라보다 고령화 사회를 먼저 경험하고 있는 일본에서는 '개호지원전문원'으로 불리는 케어매니저를 국가 자격시험을 통해 배출하고 있다. 케어매니저의 자격은 의사, 치과의사, 약사, 간호사, 사회복지사, 개호복지사 등 보건, 의료, 복지 분야 전문직으로 일정 기간 일한 경험이 있는 사람 중 시험에 합격한 사람으로 규정하고 있다. 더불어 케어매니저의 자질과 전문성을 높이기 위해 각종 연수 제도를 도입하고, 케어매니저 자격을 5년마다 다시 취득해야 하는 갱신제로 보다 전문적이고 체계적인 시스템을 운영하고 있다.

전문적인 자질을 갖춘 케어매니저들은 노인복지관, 실버타운, 노인교실, 요양보호시설, 보건소, 주민자치센터, 구민회관, 노인전문병원 등 노인의 건강과 교육을 담당하는 모든 기관에서 다양하게 활동할 수 있고, 노인복지 관련 상담소를 개설해 운영할 수도 있다. 우리나라의 경우 국가기간·전략산업직종훈련(신직업 특화 훈련과정)으로 노년플래너 훈련과정이 개설됨에 따라 강남대학교 산업협력단, 시니어파트너즈 평생교육원에서 교육을 받을 수 있게 되었다.

02 누구에게 어울릴까

흥미와 적성

케어매니저는 환자와 노인을 대상으로 서비스를 제공하는 모든 일을 관장하기 때문에 신체적으로 먼저 건강해야하며, 남을 배려할 줄 아는 따뜻함 심성이 필요하다. 아울러 수많은 요양보호사의 일을 관리하고, 복잡한 업무에 대해 조정해야 하므로 정책 기획, 예산 수립, 인력 관리 등 관련분야의 전문 지식을 갖추고 있으면 업무 수행에 많은 도움이 될 수 있다.

또한 따뜻한 대화를 통해 정서적인 위로와 안정을 지원한다는 점에서 타인의 이야기를 경청하고 공감하는 능력이 무엇보다 중요하다. 더불어 청소년부터 노인에 이르는 사람들과 수시로 대화하며 지속적으로 소통해야 하므로 상대방에 대한 배려심이 요구된다.

출처 : 영등포요양보호사교육원

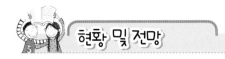

국내의 경우 장기요양기관은 2016년 현재 30,000여 개(국민건강보험공단)이고, 요양보호사 교육기관은 700여 개이며, 실제 활동 중인 요양보호사도 30만 명이 넘는다. 우리나라의 요양보호사는 사회복지사와 간호사, 간호조무사 등이 일정기간 정해진 교육을 이수하면 쉽게 취득할 수 있는 자격이므로 자질에 대한 논란이 자주 발생하고 있다.

그러므로 교육과정에서 케어매니저의 전문적인 지식과 기술에 대한 훈련이 더 필요한 상황이다. 노인장기요양보험의 성공적인 정착과 새로운 일자리 창출을 위해서는 현재 활동 중인 요양보호사들의 업무 전문성을 강화하고, 이들을 체계적으로 교육시키고 관리하는 전문 인력이 더욱 필요할 것이다.

또한 의료 지식과 상담 능력을 갖춰야 하므로 건강과 인간을 다루는 학문을 전공한 사람이나 간호사 출신이 많다. 작업치료사, 재활상담사, 사회복지사, 전문상담사, 심리학자, 물리치료사, 척추교정의사, 간호사, 특수교육전문가, 언어치료사 등 상담 서비스나 건강과 관계된 종사자들이 주로 이 업무를 담당한다.

03 진로독서 함께해요

첫 번째 독서 활동

도서	너희들도 언젠가는 노인이 된단다	도서정보	엘리자베트 브라미 / 보물창고 / 2006년
교육과정 핵심역량	의사소통 역량, 윤리적 성찰 및 실천성향, 도덕적 공동체 의식	직업군	케어매니저

『너희들도 언젠가는 노인이 된단다』는 낯설고 생경하게만 느껴진 노인과 늙음에 대해 따뜻한 시선으로 풀어낸 그림책이다. 한 편의 시처럼 단순하게 풀어낸 글은 노인의 삶에 대한 이해를 넘어, 인간의 삶에 대해 뒤돌아볼 계기를 마련한다. 이 책은 노인들이 느끼는 불안, 외로움, 사랑, 수치심, 불편, 아픔, 행복 등을 아이들도 생각해 볼 수 있도록 들려주는 방식으로 구성되어 있으며, 노인의 삶을 긍정적으로 바라보고 있다. 아주 어린 아이들에게 왜 벌써 '늙음'을 이야기해주어야 할까? 노인들도 한때는 모두 아이였고, 우리들도 언젠가는 노인이 되기 때문이다.

교육과정 연계 독서 활동

가. 의사소통 역량

📢 할아버지 할머니들에게 어린 시절 이야기나 재미난 옛이야기를 들어본 경험이 있나요? 있다면 기억에 남는 이야기를 친구에게 소개해 주세요?

> 우리 외할아버지께서 6.25전쟁 참전용사이다. 전쟁 당시 부상당한 사촌 동생을 전투 중 구해주었다는 말을 외할머니로부터 듣고 자랑스러웠으며 가슴이 뜨거워졌다.

📢 어려움에 처해 있는 노인들에게 도움을 주려고 할 때 "괜찮아요." 하면서 말씀하시는 노인들의 특징은 자기 근심을 남이 아는 것을 견디지 못하기 때문이라고 합니다. 이들을 도울 수 있는 지혜로운 방법에는 어떤 것들이 있을까요?

> 노인들의 자존심을 건드리지 않는 방법들에 대해 친구, 부모님, 선생님들로부터 조언을 듣는다. 그리고 노인들이 눈치 채시지 못하게 몰래 도움을 주는 방법도 생각해 볼 수 있다. 또한 자연스럽게 노인들에게 다가가서 그들의 외로움을 달래줄 말동무가 되어 주는 것도 하나의 방법이 될 수 있을 것 같다.

📢 부모로 남아 있는 노인들은 어른이 된 아들과 딸이 찾아오지 않기 때문에 더 외롭다고 합니다. 여러분들은 부모님과 함께 얼마나 자주 할머니를 찾아뵙나요?

가족 모두는 명절 때 찾아뵙고, 할아버지와 할머니 생신 때는 꼭 같이 보낸다. 그런데 요즘은 삼촌과 고모들이 가끔 오시지 않을 때도 있다.

📢 우리가 노인들을 진심으로 사랑해야 하는 이유는 무엇입니까?

힘든 삶을 살아오신 그들의 지혜와 생활 자세를 배울 수 있으며, 무엇보다도 우리들도 언젠가는 그들처럼 노인이 되기 때문이다.

📢 할아버지와 할머니들께서 털로 뒤덮여 있는 애완동물을 보면 기분이 좋아진다고 하는데, 그 이유는 무엇 때문일까요?

> 우리 할머니는 내가 어렸을 적에 나를 '우리 강아지'라고 계속 불러주셨다. 아마도 어린 애완동물의 재롱과 복스러운 털을 보면 손주 생각이 나기 때문이 아닐까!

📢 요즘 유행하고 있는 신조어 '혼밥'에 대해 알고 있나요? 집에서나 학교에서 만약 '혼밥'을 경험했다면, 그때 기분이 어떠했는지 그림으로 솔직하게 표현해 보아요.

3단계별 이야기식 진로독서 활동

가. 배경지식으로 찾아보기

🔊 늙음을 나타내는 표지(標識)에는 어떤 것들이 있나요?

예) 틀니

🔊 현재 몸이 불편하신 할아버지, 할머니들이 함께 모여 있는 요양원이나 노인복지센터는 우리 지역 어디에 위치해 있는지 지도로 그려보아요.

더 이상 읽지 못하고, 더 이상 손이 떨려 쓰지 못하고, 귀가 안 들리는 노인들을 도울 수 있는 직업에는 어떤 것들이 있나요?

■ 노년플래너 : 노인들의 일상을 도와주는 직업

■ 정신대화사 : 노인들을 대상으로 상담 역할을 하는 직업

■ 사회복지사 : 어려운 노인들이 정부로부터 많은 지원을 받게 하는 직업

■ 책 읽어주는 사람 : 외롭고 글을 읽지 못하는 노인들에게 재미난 이야기를 들려 주는 봉사

우리 주변에서도 가난한 노인들이 살림을 꾸려가기 위해 안간힘을 쓰고 있는 안타까운 모습을 자주 볼 수 있습니다. 가난한 노인들을 위한 사회안전망으로는 어떤 정책들이 있는지 조사해 봅시다.

■ 노인복지법 :

■ 기초노령연금 :

■ 노인장기요양보험제도 :

■ 독거노인기초생활수급비지원 :

📢 노인들은 인생의 경험과 옛이야기 등 가치 있는 다양한 이야깃거리를 많이 알고 있습니다. 이들에게 알맞은 재취업 분야를 여러분들이 소개해 주세요.

■ 문화해설사
■ 미술해설사
■ 우울증 고충상담원
■ 옛이야기 들려 주는 할아버지

📢 IT 기술의 발달로 인해 홀로그램(Hologram) 분야도 굉장히 발전하고 있습니다. 홀로그램 기술을 이용해서 노인들의 외로움을 달래줄 방법에 대해 생각해 보아요.

3차원 입체영상 기술의 발달로 홀로그램은 종종 영화에서 소개된 것과 같이 인간이 보는 것처럼 대상을 구현하는 기술이며, 실재와 똑같은 실감 미디어가 구현되는 것이다. 멀리 떨어져 지내시는 할아버지를 위해 우리 가족들의 생생한 모습을 자주 보내드리고, 할아버지의 안부도 확인할 수 있을 것 같다.

　　고령화 사회에 접어들면서 노인들의 복지와 의료문제 등이 사회적 관심
거리로 떠오르면서, 바쁜 현대인을 대신하여 부모님을 정성껏 모실 수 있
는 요양센터 등이 많이 생겨나고 있는 실정이다. 하지만 요양센터에 부모
님의 봉양을 전적으로 책임지게 하는 것에 대해서는 다양한 의견이 있어
왔다.

📢 토론 주제 : 고령화 시대 요양원, 요양센터 등의 실버타운은 확대되어
　　야 한다.

🔊 늙는다는 것은 질병이 아니라, 아주 오래 사는 것을 말합니다. 아이들은 자라 어른이 되고 언젠가는 늙어 노인이 되겠지요. 자라는 것처럼 늙는 것도 자연스러운 삶의 한 과정이랍니다. 우리가 태어나서 죽음을 맞이할 때까지의 수많은 과정을 마인드맵으로 표현해 봅시다.

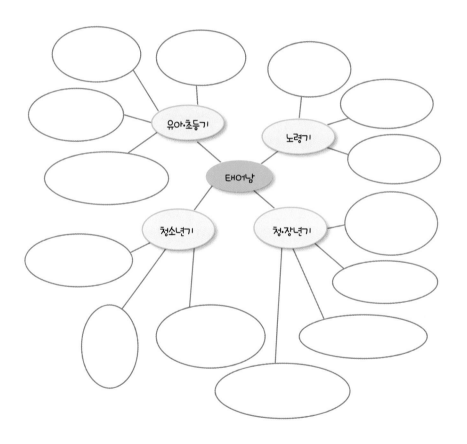

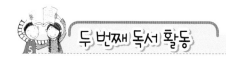
도서	들꽃 진료소	도서정보	도쿠나가 스스무 / 김영사 / 2004년
교육과정 핵심역량	자기 존중 및 관리 · 능력, 자료 · 정보 활용 역량, 비판적 사고력	직업군	케어매니저

『들꽃 진료소』죽음을 앞둔 환자에게 행복한 웃음을 안겨주는 한 의사의 가슴 따뜻한 산문집이다. 일본에서 가장 인간적인 의사라고 평가받는 도쿠나가 스스무, 그가 죽음에 임박한 환자들과 함께 겪은 이야기가 담겨 있다. 1992년 지역 의료에 높은 공헌을 한 의료진에게 주어지는 제1회 와카쓰키상을 수상하기도 했던 그는 많은 환자들에게 존경받는 의사로, 『들꽃 진료소』에는 환자의 입장에서 의사의 입지를 정하고 행동하는 그의 인생관이 반영되어 있다. 또한 인간적인 의사 앞에서 행복하게 웃으며 죽어가는 수많은 사람들을 만날 수 있는 이 책은 모든 사람이 아름답고 행복하게 죽어갈 권리가 있다는 진리를 전해준다.

교육과정 연계 독서활동

가. 자기 존중 및 관리 능력

🔊 "누구나 결국은 다 죽는다. 그러나 혼자 죽어가는 것은 외로울 것 같다. 죽음의 순간, 옆에서 지켜주며 손을 잡아줄 수 있는 일을 해야겠다."라고 말한 이 책의 저자는 그 순간부터 의사를 목표로 삼아 정진했다고 합니다. 여러분이 생각하고 있는 진로 분야는 사회적으로 어떤 의미가 있습니까?

나는 경찰이 되고 싶다. 경찰이 되어 범인을 잡는 일도 중요하지만, 사회에서 소외된 계층을 위해 그들의 기본적인 생활과 권리를 지켜주고 관찰할 수 있는 민중의 지팡이가 되고 싶다.

나. 비판적 사고력

🔊 "선생님, 나이가 들고 보니 무엇이 가장 힘든가 하면, 역시 외로움이더군요. 마누라라도 살아 있었다면 말 상대라도 되었을 텐데. 밥도 둘이서 먹으면 맛있는데, 혼자이다보니 정말 외롭군요." 이 말을 통해서 핵가족 사회의 여러 가지 단점에 대해 알아봅시다.

3대 이상이 함께 모여 생활하는 대가족 사회에서는 한 두 명이 빠져도 크게 표시나지 않는데, 핵가족화에서는 자식을 멀리 떠나보내고 나면 부모님들만 남아 외로운 시간을 보낼 수밖에 없다. 더불어 갖가지 고민이나 문제를 해결하고 대화할 수 있는 대상이 그만큼 줄어든다고 볼 수 있다. 한마디로 외로움이 더할 것 같다.

다. 자료·정보 활용 역량

생각해보면 '암'을 고지하는 것에 대한 논란은 최근 반세기 동안 여러 모로 논의되어 왔습니다. 의사의 입을 통해 나와야 하는 '암'을 알리는 표현들에 대해 생각해 봅시다.

- 선고 : 재판장에서 판결을 공포하듯 굉장히 무거운 느낌을 줌
- 고지 : 행정적인 용어로 필요사항을 알리는 삭막한 느낌을 줌
- 통보 : 어떤 사실을 일방적으로 알리는 것으로 위계적인 느낌을 줌
- 고백 : 마음속 숨긴 일이나 사실을 솔직하게 말하는 것으로 진지한 느낌을 줌

🔊 노인들은 둘이 있다가 혼자가 되고, 혼자가 된 후에는 제로가 된다는 생각을 많이 하고 있습니다. 여기에는 혼자라는 존엄성을 스스로 하찮게 어기고 있다는 비판을 받기도 하는데요, 혼자라는 존엄성에 대해 하찮게 여기는 사례를 조사해 봅시다.

혼자 남아 있는 노인이나 미혼남녀들은 식사를 할 때 주로 인스턴트 요리를 먹는다. 그만큼 혼자 먹는데 밥을 짓기 귀찮고, 혼자 먹는데 거추장스럽게 시간과 노력이 필요한 요리를 할 필요가 없다고 생각해서이다. 혼자일 때 더욱 더 건강을 생각하여 골고루 영양을 섭취할 수 있는 방법을 생각해야 한다.

3단계별 이야기식 진로독서 활동

가. 배경지식으로 찾아보기

🔊 외로움, 고독, 두려움이 갖는 의미를 조사해 봅시다.

■ 외로움 : 혼자되어 적적하고 쓸쓸한 느낌

■ 고독 : 홀로 있는 듯이 외롭고 쓸쓸함

■ 두려움 : 위협 또는 위험을 느껴 마음이 불안하고 조심스런 느낌

자신이 이 땅에 생명을 부여받고 삶을 부여받은 것에 대한 감사의 보답은 바로 자신다움을 지니면서 자신답게 사는 것을 의미합니다. 진정한 자신다움을 실현해 나간 사람들에 대해 조사해 봅시다.

- 헬렌 켈러 박사 : 언어적 장애를 선생님 도움을 받고, 자신의 의지로 이겨내어 장애인으로서 인문계 학사 학위를 받은 최초 사람
- 마하트마 간디 : 비폭력주의로 영국의 식민지였던 인도 독립을 주도하였고, 다양한 계층 갈등을 겪고 있는 인도사회의 통합에 중요한 역할을 하였음.
- 이태석 신부 : 의사이면서 신부였던 그는 남수단에서 아이들을 가르치고, 한센병 환자를 돌보는 의로운 일을 하였음.

나. 책 속에서 진로 찾기

"전화는 형의 집과 연결해놓았기 때문에 형네 가족이 집에 있으면 누군가가 받게 되지만 아무도 없으면 어쩔 수 없이 어머니가 전화를 받으신다. 전화 벨 소리가 다섯 번 울려서 아무도 나오지 않으면 형네 가족이 어딘가로 외출을 한 것이고 자동으로 어머니가 전화를 받게 된다." 책 속 주인공이 처한 이러한 상황에서 시골에 계신 어머니에게 가장 필요한 IT 의료 기술에는 어떤 것들이 있는지 조사해 봅시다.

홀로그램 영상 서비스, 유헬스 기기, 음성인식 휴대전화 등

"너스 콜 내용 중에는 뭔가가 '나왔다'가 제일 많은 것 같다. 대소변이 나오지 않거나 가스가 나오지 않는다는 것은 생명과 직결되는 일이다. 따라서 '안 나온다'보다는 '나왔다' 쪽이 더 고마운 일이다. 백의의 천사는 그 사실을 알고 있기 때문에 밤낮없이 대소변과의 전쟁을 치르며 분투하고 있는 것이다." 이 내용을 토대로 의료계 종사자들의 어려움에 대해 함께 생각해 봅시다.

성인의 뒤(대소변)를 처리한다는 것은 정말 힘든 일이다. 간병에서 가장 힘든 부분도 바로 이것이라고 한다. 또한 갖가지 요구사항 및 불평불만사항을 다 들어줘야하기 때문에 어려운 직업일 것 같다. 하지만 건강을 회복하는 사람들을 볼 때면 정말 보람을 느낄 것 같다.

다. 책 밖에서 진로 찾기

우리나라 노인복지시설의 종류에 대해 조사해 봅시다.

- 노인주거복지시설 : 양로시설, 노인공동생활가정, 노인복지주택
- 노인의료복지시설 : 노인요양시설, 노인전문병원
- 노인여가복지시설 : 노인복지관, 경로당, 노인교실
- 재가노인복지시설 : 방문요양서비스, 단기보호서비스, 방문목욕서비스

남이 하는 말을 잘 듣는다는 것은 역시 힘든 일입니다. 힘든 작업인 만큼 대단한 일이기도 하지요. 듣기 위해서는 들을 귀를 가져야 합니다. 들을 귀가 있는지의 여부에 따라 그 사람에게 의지가 되기도 하고 격려받기도 하며 치유가 되기도 한답니다. 이 외에도 노인 관련 의료분야 종사자들에게 요구되는 자질에는 어떤 것들이 있을까요?

근심을 상담해 줄 수 있는 능력, 환자들에게 자신의 눈높이를 맞출 수 있는 겸손함, 외로운 마음을 다독여 줄 수 있는 친절함.

진로독서 토론

2015년 전국을 공포의 도가니로 몰아넣었던 '메르스'의 전파 경로가 가족 간병 및 병문안에 의한 것으로 판명되면서 가족 간병에 대한 비판 여론이 상당히 고조된 적이 있다. 여러분들도 가족 간병을 직·간접적으로 경험해 보았을 것이다.

토론 주제 : 가족 간병은 환자의 쾌유를 위해 필요하다.

찬성

"돌아가자!"라고 하는 말은 지금 일본의 노인 세대 사이에 무척 유행하는 말입니다. 특정 양로원에서는 '돌아가는 골목길'이라는 이름을 붙인 층도 있을 정도입니다. 그 층에 거주하는 노인들은 아침부터 저녁까지 "나는 돌아갈 거야", "돌아갈 겁니다", "돌아가야 해요"라는 말을 입에 달고 삽니다. 여기에서 '돌아간다'는 말과 이범선의 소설 『오발탄』에서 치매에 걸린 어머니가 했던 '가자'라는 말은 어떤 의미를 지니고 있는지 정리해 봅시다.

아마도 노인들은 자신들이 열심히 생활했던 시절에 대한 그리움에 사무쳐있을 것입니다. 협소한 요양원 공간과 숨이 막힐 것만 같은 쪽방에서 자신이 보내온 예전 시간과 환경으로 돌아가고 싶은 귀향 본능은 누구나 느낄 수 있을 것입니다. 더군다나 몸과 마음이 약해져 버린 노인들은 판단이 흐려지기 때문에 자신의 지금 처지를 더욱 부정하면서 그때 그 시절에 대한 그리움이 강하게 작용하는 것 같습니다.

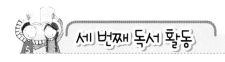
📣 다음 기사 내용을 보고 물음에 답하시오.

30년을 하류노인으로 살아가는 한국

"설마 이런 노후를 맞이할 줄 몰랐지"
"내 딴에는 성실하게 살아왔는데, 이런 신세가 될 것이란 것은 나
도 몰랐지요."

서울 강동구의 한 고시원에 들어서자 찌릿한 향이 날카롭게 코를 감쌌
다. 긴 복도를 따라 다닥다닥 붙은 방문 너머 TV 소리와 코 고는 소리
등이 어지럽게 섞였다. 방문을 열자 1평 남짓한 공간에 몸을 구부리고
있던 박무연(가명. 70) 할아버지가 TV를 보고 있었다. 몸을 일으켜 세
운 박무연 할아버지는 류머티즘 관절염을 앓아 다리를 굽히지 못했다.
발바닥은 요산이 분해되지 못해 생긴 통풍으로 부어 있었다. 몸은 불편
했지만 기억은 명확했다. 박 할아버지는 이곳에 홀로 거주한 지 올해로
다섯 해 째였다. "와이프는 경희대 국문학과를 졸업했고, 나는 명지대학
교에 진학했어요." 전남 진도가 고향인 박씨는 대학 진학을 위해 상경했
다. 하지만 집안 사정으로 대학을 휴학하고 바로 일자리 전선에 뛰어들
었다. 박씨의 첫 직장은 서울시 지하철본부였다. 1기로 입사한 박씨는
매표 등 행정 처리 업무를 했다. 개발호황이 이어지던 1980년대, 박씨
는 역무원을 그만두고 섬유공장을 운영하는 어엿한 사장님이 됐다. 전
남 목포에서 직물을 떼어다가 남대문 시장과 동대문 시장에 물건을 납
품해 그 차액을 챙겼다. 넉넉지는 않았지만 아내와 두 아들 네 식구가
먹고 살기엔 충분한 벌이였다. 한 때 잘 나가던 그의 사업은 받아둔 어
음이 부도나면서 급격히 기울기 시작했다. 아내와 두 아들은 처갓집으
로 터를 옮겼고, 박씨는 사업을 접고 홀로 일터에 계속 나갔다.

"경기도 광주에서는 낚시터에서 낚시꾼들에게 라면하고 술을 팔면서 지냈지. 노가다 판에서도 일도 했고, 페인트 칠 보조로 나가기도 했어요. 닥치는 대로 뭐든."

30여 년간 살아오며 짊어진 삶의 무게는 그의 온몸에 고스란히 병으로 남아있다. 박씨는 통풍과 고혈압, 당뇨에 녹내장까지 합병증을 앓고 있다. 병원비를 감당할 돈이 없어 고시원 구석에서 혼자 끙끙 앓던 박씨는 주민센터 복지사들의 도움을 받고서야 병원에 다니기 시작했다.

"젊었을 때는 매일이 바쁘고 매일이 즐겁지. 그래도 열심히 일해 왔는데 설마 이런 노후를 맞이할 줄은 생각도 못했어."

지극히 평범한 삶을 살던 사람도 노후엔 파산에 처한다는 이 가혹한 현실, 박씨가 거주하는 고시원에는 박씨처럼 나홀로 거주하는 노인만 5~6명이다. 고시원은 어느새 의지할 데 없는 할아버지들의 편치 못한 보금자리가 돼 가고 있다.

(출처: 다음 스토리펀딩)

1) 시골에서 서울로 몰려던 경제개발시기의 이농현상과 1980년대 개발호황에 대해 조사해 봅시다.

> ■ 이농현상 : 1960년대 이후 농촌 생활에 만족하지 못하였거나 농업에 이익 등을 보지 못하여 도시에서 다른 일자리를 통해 수익을 얻기 위해 농촌을 떠나 도시로 이동하는 현상
>
> ■ 개발호황 : 국제적인 3저 현상(저유가, 저금리, 저달러)으로 저렴한 노동력과 원자재로 많은 이익을 남겼고 수출도 많이 하였다. 소비도 그만큼 늘어 경제적으로 호황을 누렸던 시기이다.

2) 우리 주위에는 박씨 할아버지처럼 노후에 파산을 겪은 사람들이 많습니다. 가난한 노인들을 위한 사회안전망에는 어떤 것들이 있으며, 앞으로 보완해야 할 정책들에 대해 토론해 보아요.

> 기본적인 노인복지연금 및 기초생활보장금 지급

04 미래를 여는 진로 탐색

유헬스 매니저

혼자 계신 할머니가 의식을 잃으면 어떻게 될지 생각만 해도 아찔하다. 그런데 유헬스 매니저가 있다면 의사가 바로 집으로 달려갈 수 있다. 의료진이 환자 정보를 실시간으로 공유하다가, 응급 상황이 발생하면 GPS로 가까이에 있는 의사를 찾아 환자에게 보내는 시스템이다. 유헬스(U-Health)란 유비쿼터스와 헬스케어의 합성어다.

IT와 의료가 만나 환자가 병원을 찾지 않더라도 언제 어디서나 질병의 진단, 치료, 사후 관리를 받을 수 있는 새로운 의료 서비스를 의미한다. 개인의 건강 정보를 IT 기기로 실시간 수집할 수 있어 치료뿐 아니라 예방에도 유용하게 활용될 것으로 전망하고 있다. 이와 관련해 다방면의 전문 지식과 보건 의료 지식을 요하는 융합형 일자리가 생길 것이다.

유헬스를 보조하기 위해, 타 직업군에 속한 전문가들이 보건 의료 영역에서 많이 활동할 것으로 예상된다. 의사보조사, 청각능력치료사, 자연치료의사, 신체적응교육전문가, 가정방문건강관리사, 예술치료사, 음악치료사, 컬러치료사, 건강증진전문가, 병원내놀이전문가, 의료서비스매니저

170

등 웰빙과 정신 건강을 다루는 다양한 직업이 발전할 것이다.

유헬스 매니저가 되려면 의료 지식과 물리학, 화학, 생물학, 전기공학, 전자공학, 신소재공학, 컴퓨터공학 등 다양한 분야를 공부해야 새로운 기술을 잘 이해할 수 있다. 레이저나 LED를 이용해 혈액 속 암 질병 표지자를 정확하게 분석하는 바이오센서를 개발하기 위해서는 광학, 생물학, 화학 등의 기초 지식이 필요하다. 국내의 경우 학부로는 한림대에 유헬스 ICT서비스전문가를 육성하는 융복합 전공이 개설되어 있다.

실버케어 로봇공학자

고령자가 가장 주목받는 소비자층이 될 미래에는 백발의 청춘들을 위한 각종 제품과 서비스가 쏟아져 나올 것이다. 실버케어 로봇공학자는 어르신들 생활환경 주변에서 도움을 줄 수 있는 다양한 기능의 로봇을 개발하는 역할을 담당하고 있다. 우리나라에는 ETRI(한국전자통신연구원)의 실버케어 로봇과 KISTI(한국과학기술정보연구원)의 치매 예방 로봇 '실벗' 등이 있다.

고령화사회를 우리보다 훨씬 먼저 경험하여 대비하고 있는 일본에서는 특성화된 로봇들이 활약하고 있다. '파로'는 세계 최초의 심리 치료 로봇으로 기네스북에 등재되었다. 2011년 지진과 쓰나미로 가족을 잃을 사람들의 슬픔을 치료하는 데 크게 기여하였다. 간병 로봇은 고령자를 휠체어로 직접 옮겨주기도 하고, 로봇이 휠체어로 자동 변신하기도 한다. '페퍼'란 로봇은 노인들과 대화가 가능하여 인기가 높다.

실버케어 로봇공학자의 전공으로는 기계공학, 전기공학, 전자공학, 컴퓨터공학 등이 관련성 깊다. 최근 우리나라에는 로봇공학과가 20여 개 대학에 신설되었다. 로봇 하드웨어·서비스 디자인 전문가, 실버 분야 전문가 등 로봇 분야 연구소와 기업에 있는 사람들의 전공은 다양하다. 그만큼 여러 분야의 전문 지식이 필요하다. 로봇을 설계하고 다루는 분야임으로 무엇보다 수학과 통계가 중요하다.

최초의 원격진료는 전쟁터에서 부족한 의사를 대신하기 위해 시작되었다. 최근에는 고혈압, 당뇨 등 만성질환에 대한 공공의료비 지출이 증가하자 이를 해결하기 위한 차원에서 원격진료가 실시되고 있다. 원격진료는 넓은 국토에 인구밀도가 낮은 국가들을 중심으로 활성화되고 있으며, 선진국은 물론 아프리카, 아시아 등 저개발 국가들도 이미 도입했거나 도입을 추진 중에 있다.

원격진료센터에서 원격진료를 지원하는 인력을 원격진료 코디네이터 혹은 원격진료원이라고 한다. 이들은 다양한 원격 의료 기구를 이용해 원격으로 이루어지는 진료를 돕는 역할을 한다. 의료 정보에 대한 관리 및 이전 등을 담당하며 올바른 진료를 위해 환자에 대한 의료데이터를 준비한다. 원격지의 의사와 환자, 현지 의사 간의 원활한 원격진료가 이뤄질 수 있도록 조율하는 역할도 중요한 직무에 속한다.

우리나라에서는 1988년 원격진료 시범사업이 시작되었으며, 2002년 의료법 개정을 통해 의료인 간, 의료기관 간의 원격의료가 허용되었다. 현재는 정부 주도 하에 농어촌 지역의 당뇨나 고혈압 등 만성질환 관리, 교도 시설 등 특수한 경우에 대해 시범 사업이 진행 중이다. 현행 의료법 상 의료인 간(혹은 의료기관 간)의 원격진료만 가능한 상태로 의료인과 환자 간의 원격진료가 실시되기 위해서는 법 개정이 이뤄져야 한다.

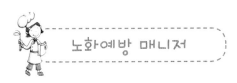

노화예방 매니저

노화예방 매니저는 노화를 예방하고 노년기를 행복하게 관리해 주는 역할을 하는 직업이다. 운동, 영양, 치료, 상담 등의 프로그램을 기획하고 제공한다. 머지않아 다가올 평균수명 100세 시대에 건강하고 행복한 노년생활을 위해서는 적당한 운동과 균형 있는 영양 섭취 그리고 치매 등에 걸리지 않도록 두뇌 건강을 돕는 뇌운동이 필요하다. 이런 것들을 두루 만족시키도록 프로그램을 짜서 어르신들이 젊고 건강하게 살 수 있도록 관리해 주는 사람이 노화예방 매니저다.

노화예방 매니저들은 정보에 어두운 어르신들의 특성을 잘 알아내서 연세에 맞는 운동과 건강식 등에 대해 지속적으로 안내해 주어야 한다. 혹시 아픈 곳이 있다면 증세에 따라 질병도 관리해 주어야 하며, 새로 개발된 신약, 치아에 넣는 보철, 정신 건강, 노년의 지혜를 활용할 수 있는 일자리까지 행복한 노년을 위한 다양한 분야에 대해 상담을 한다.

노화예방 매니저는 우선 고객의 건강 상태를 확인하고 돌볼 수 있어야 하므로 간호사에 버금가는 보건 의료 지식이 필요하다. 더불어 영양사, 물리치료사 자격증을 포함한 식품영양학, 물리치료법, 간호법 등의 핵심 지식과 상담 기술 등도 요구한다.

정신대화사

홀로 살던 60대 할머니가 숨진 채 발견되어 우리 사회에 충격을 주고 있다. 참혹하게 살해되었거나 현장에 나는 악취 때문이 아니다. 할머니가 죽은 지 수년이 지나도록 찾거나 궁금해 하는 사람은 아무도 없었다. 시체를 발견한 사람도 가족이 아닌 월세 문제로 방문한 집주인이었다. 이 안타까운 사건은 고독하고 쓸쓸한 현대사회의 단면을 그대로 보여준다. 더 안타까운 것은 송파 세 모녀 사건 등 이런 유사한 일들이 자주 일어난다는 점이다.

핵가족화로 인한 이웃과 세대 간의 단절, 급속한 사회변화에 뒤처지면서 나타나는 노인들의 인간소외 현상 등 다양한 이유로 힘들게 삶을 이어가는 사람들이 늘고 있다는 반증이다. 단지 따뜻한 대화만이라도 할 수 있으면 좋으련만, 바쁜 일상을 사는 사람들에겐 이 정도의 여유도 없어 보인다. 최근 일본에서는 친구에게 고민을 털어놓듯 부담 없이 대화를 나눌 수 있는 '정신대화사'란 직업이 등장하였다. 이들은 고독이나 외로움을 느끼는 사람들과 따뜻하게 대화하며 정신적인 벗이 되어 준다.

관련 단체 및 기관

- 보건복지부 www.mw.go.kr
- 한국노인장기요양기관협회 http://hnh.or.kr
- 한국재가노인복지협회 http://www.kacold.or.kr
- 일본개호복지사회 http://www.jaccw.or.jp
- 일본개호복지사양성시설협회 http://kaiyokyo.net
- 한국심리상담협회 www.kpcs.or.kr
- 한국사회복지협의회 kncsw.bokji.net
- 독거노인종합지원센터 www.1661-2129.or.kr
- 지방자치단체 정신건강증신센터

5장

표현심리전문가

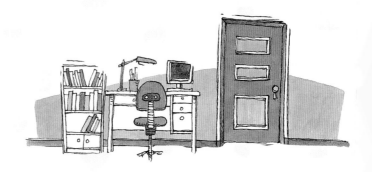

표현심리 전문가는

영화매체나 미디어 그리고 인간의 뇌를 과학적으로
분석하여 심리상담, 심리치료를 담당하는 전문가로,
심리적 문제를 안고 있는 사람들에게 다양한 표현방법을
제시하여 활용하는 미래 유망 전문직이다.

직업 노크하기

 앞으로 우리의 미래 직업은 사람의 마음을 생각하는 인간 중심의 직업
이 이슈가 될 것이다.

〈출처 : 김동철 심리케어〉

위기의 정서조절력을 향상시키기 위해서는 정서조절의 구성요소를 잘 파악하고 이를 적용한 프로그램을 구성할 필요가 있는데 가장 기본적이면서도 중요한 구성 요소로는 자신의 감정을 있는 그대로 인식하는 것으로 자신의 감정을 이해하는 자기정서 이해 능력을 들 수 있다. Eisenberg, Fabes, Nyman, Bernzweig, Pinuelas(1994)는 타인의 정서를 공감하는 능력은 자신이 경험한 정서 상태와 상황이 타인이 처한 정서 상태나 상황과 일치할 때 가능하며 타인이 처한 정서 상태와 상황에서 타인이 느끼는 정서를 이해하는 것을 의미한다고 하였다. 그리고 정서를 정확하게 표현하고 자신의 감정과 관련된 욕구를 정확하게 표현할 수 있는 능력을 말하는 정서표현 능력을 들 수 있다.

일반 청소년에 비해 정서적으로 취약한 위기청소년이 자신의 정서문제를 이해하고 해결하는 데는 영화치료(표현치료)가 효과적일 수 있다. 왜냐하면 영화치료에 참가한 내담자들이 영화를 보며 등장인물의 여러 가지 행동들을 관찰하고 평가할 뿐 만 아니라 자기 자신의 사고나 감정을 투사하며 자신의 가능한 행동들에 대해 생각하고 적용해 볼 수도 있기 때문이다. 즉, 영화치료는 내담자가 부인하는 감정에 도전하고 인지, 정서, 행동 사이에 연관을 맺어주어 교정적 정서에 대한 재경험을 이끌어낼 수 있다.

〈출처 : 집단영화치료프로그램이 위기청소년의 정서조절력과 문제행동에 미치는 효과 연구, 청소년 상담연구 The Korea Journal of Youth Counseling, 2011, Vol. 19, No. 2, 23~46, 강은주, 천성문〉

우리가 알고 있는 심리치료 기법 중 대표적인 영화치료, 영상치료, 거울효과치료, 소리음향치료, 시나리오연출, 영상제작치료 등 인간의 움직임으로 인해 감성, 정서를 최대한 끌어 올릴 수 있는 표현치료와 인간의 뇌를 뇌 과학적으로 분석하고 응용하는 학문인 공간지각지능(전두엽 확장: 감성, 정서를 관장하는 곳)을 현대인들의 치료 요구에 맞게 도움을 주는 심리전문가를 말한다.

〈출처 : 제인레이놀즈와 인터뷰 2017 arte 아카데미〉

또한 그동안 활용하였던 약물치료 방식 등이 현대인들에게 서서히 외면을 받고 있는 상황에서 정신과적 문제 및 심리적 문제가 있는 사람들에게 인간의 기본적 욕구인 움직임의 표현을 통해 기분을 상승시키고 영상을 통해 간접 체험과 자아기대 효과를 높여 상담치료를 하는 전문가이다.

그리고 사회적 병리현상이 날로 심각해지고 있는 상황 속에서 현대인들이 현실적으로 공유하는 영상이나 매체를 통해 치료의 기법으로 사용하는 미래 지향적 심리치료를 말한다.

21세기 표현심리치료에 발맞춘 심리치료의 아이콘, 영화치료

표현심리 전문가의 대표적인 치료 방식인 영화치료 기법은 상위개념인 예술치료에 그 뿌리를 두고 있다. 1942년 영국의 킹 에드워드 병원에서 에이드리언 힐이라는 의사가 결핵 환자들을 대상으로 그림을 그리도록 한 것이 예술치료의 출발점이다. 이렇게 시도해 본 결과 환자들이 스스로의 불안과 심리적 외상을 드러내는 도구로서 꽤 많은 도움이 된다는 사실을 발견한다. 이후 언어적인 상담이 통하지 않는 환자(이를테면 만성적인 정신병이 있는)들에게도 예술치료가 유효하다는 것을 알게 되면서 미술뿐만 아니라 음악, 무용, 독서 등 다양한 형태의 예술치료 기법들이 등장하기 시작한다. 그 중 환자가 직접 창작행위에 참가하는 것을 표현예술치료, 독서나 관람, 청취 등은 감상예술치료로 분류하며, 영화치료에는 감상치료는 물론 직접 영화를 만들어 보면서 치료를 병행하는 표현예술치료의 기법까지 포함한다.

예를 들어 표현치료 중 한 치료 방법인 영화치료의 치료과정으로 들어가 보면 아래와 같은 치료의 방법이 진행 된다.

치료 과정				
과거속 대화 이끌어내기 (면담, 시나리오)	표현심리 확장작업 (연기)	연기 확장작업 (표정 체험연기)	연기 확장작업 (행동동작 체험연기)	영상만들기 영화감상치료

구성
1:1 개별치료 및 사회성 형성을 위한 집단 그룹치료

〈출처 : 김동철 심리케어〉

표현심리 전문가가 미래에 인간중심 치료에 중심이 되는 이유

　현대인들은 상담받기를 싫어하거나 회피하는 경우가 많다 이를 극복해 주기 위해 영화를 활용하거나 다양하고 관심 있는 영상 혹은 매체를 활용하면 그 자체가 하나의 강화제가 되어 상담을 잘 이끌어 낼 수 있어 인간 중심의 전문치료이다.

　현대인들은 영상이나 영화 혹은 접근성이 좋은 매체에 호응도가 높다.

표현심리 치료는 지능이 낮은 아동이나 심리적으로 위축이 심한 성인들에게 무리 없이 접근하고 치료할 수 있는 비교적 쉬우면서도 치료 효과가 높은 문화적 치료가 중심이 된다.

영상을 통해 치료가 된 경우 이미지를 자신에 맞춰 도식화 하는 능력이 생기기도 하며 간접 경험에 따른 감동 및 의식전환으로 자신의 마음을 긍정적으로 리모델링 할 수 있다.

인간의 심리적 행복 중 가장 큰 것은 호기심에 따른 행복이다. 표현심리치료는 다른 어떤 형태의 심리치료보다 수용자가 호기심을 가지고 접근할 수 있는 시각적 뇌를 통해 강화시킴으로써 뇌 과학적 효과를 발휘할 수 있다.

지지표현에 좋은 표현치료 기법은 영화치료에서 등장인물에 대한 훌륭한 멘토적 모델이라 할 수 있다. 영화치료에서 보여주는 다양한 인물의 내적 심리를 자신에게 투여시켜 심리적 위안을 받는다.

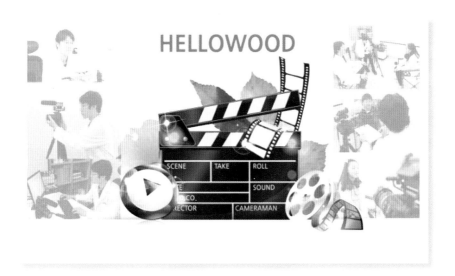

02 누구에게 어울릴까

흥미와 적성

　표현심리 전문가는 심리적 정신적 문제를 앓고 있는 사람들을 대상으로 치료와 관련 서비스를 제공해야 하기 때문에 심리적, 신체적으로 건강해야 하며 특히 인간을 존중할 줄 알고 사명감이 투철해야 한다. 아울러 정신적 증상이 심한 환자의 경우 정서적으로 위축을 받거나 정신적 충격을 받을 수 있으므로 환자와의 공감의 능력이 있어야 하며 심리적 압박을 견뎌내는 능력이 있어야 한다. 타인에 대한 이해와 상처를 보듬어 줄 수 있는 심리적 마음이 중요하며 소통과 근성이 있는 사람일수록 수행성과가 높다.

　가장 중요한 것은 환자들의 과거의 문제나 현재의 상황에 대해 잘 관찰하고 분석하여 환자에 따른 적절한 치료방법이나 치료 계획에 따라 상대방에게 피해가 가지 않도록 신경을 써야 한다. 내담자들은 모두 심리적으로 불안한 사람이기 때문에 특별히 주의를 해야 한다. 이러한 다양한 이유와 치료 과정이 포함되어 있어 배려와 심리분석에 관심이 많은 사람이나 인간 존중의 사명감이 높은 사람이라면 표현심리 전문가에 도전을 해보는 것도 좋다.

〈출처 : 네이버 이미지 검색〉

5

현황 및 전망

　현대인들의 심리적 문제가 확산되고 있는 최근 한국의 우울증 빈도는 세계적 수준에 있으며 저출산과 고령화는 심리적 안정을 저해하고 있는 요인 중의 하나이다. 이러한 사회적 환경 속에서 인간의 심리를 돕고 치료할 수 있는 전문직이 우선적으로 필요하다. 심리전문가는 현재 급속도로 늘어나고 있지만 뇌 공학적 이론을 바탕으로 하는 전문적 치료사가 부족하다. 따라서 문제를 해결하고 직접적인 치료와 교육을 시킬 전문가가 필요하며 미래에는 더욱 많은 관심 속에 전문가가 늘어날 전망이다.

　표현심리 전문가를 다루는 기관과 단체 중에서 가장 활성화 되고 체계적인 교육은 명지대학 사회교육원 표현심리 전문가(1,2,3급) 과정이 있으며, 한국영상영화치료학회(KOSIC)와 상담센터 '사이', 한국 영상응용연구소(KIFA)가 있다. 표현심리치료 전문가에 관심이 있다면 심리 상담이나 심리학 등 관련 전공을 취득했다면 더욱 좋다. 물론 전공자가 아니라도 문제는 없다. 명지대학 사회교육원의 표현심리 전문가의 정보에 따르면 심리 표현전문가의 자격증은 크게 영상 영화치료(1급, 2급), 공간지각(뇌공학 습관치료 1급, 2급) 단계로 나눠진다.

이후 담당교수의 임상실무를 거쳐 인턴 과정을 이수하고 관련 분야인 심리상담, 심리학, 임상심리, 사회복지, 정신의학, 정신간호, 교육학 또는 영상 영화 관련 석사, 박사의 학술적 과정으로 갈 수도 있으며, 관련 단체나 병원 심리센터등과 같은 직장에서 치료사로 일할 수 있다.

표현심리 전문가 양성과정

표현심리 전문가 과정은 심리치료에 영화, 연출 및 영상 매체를 활용하는 모든 방법과 뇌 과학적 이론을 접목하는 치료를 통칭하는 말이다. 최근 국내에서 각광받고 있으나 전문치료사가 없어 그 수요에 대한 요구가 상당히 많다. 영상표현 심리치료는 이미 선진국에서는 그 기능과 효용성이 뛰어나 심리치료 전반에 광범위하게 활용되고 있다.

표현심리 전문가 양성과정은 국내에서는 명지대학 사회교육원 표현심리 전문과 과정이 그 중심으로 개설되어 있으며 국내 종합대학 내 심리학과, 사회교육원, 평생교육원 등에서 다양한 과목으로 전문가를 양성 중에 있다. 특히 예술분야 전공자들 사이에 복수 전공을 두어 표현심리 전문가의 길을 가려는 학생들이 많아 확장되는 추세이다. 또한 표현심리 전문가는 심리상담 분야와 표현심리분야 그리고 인간의 뇌를 분석하여 뇌 습관을 긍정적으로 활성화 시켜주는 공간지각지능 학습 치료분야로 나누어져 있으며 국내외 뇌 공학, 심리학적 기반을 둔 질 높은 전문가 양성 과정으로 확대 되고 있다. 전문 과정으로 공간지각 뇌 학습심리전문가, 영상표현치료 전문가 1,2,3급(전문가 자격증)이 있으며 세부과목으로는 예술표현 심리학, 임상심리 운영(소아 청소년, 노인, 일반), 표현심리치료(이론) 등으로 구분되어 있다.

미래 가치와 전망

현재 심리치료사와 관련하여 학교, 협회, 학회, 연구소 등 다양하고 폭넓은 자격증 소지자가 있지만, 영상표현 심리치료 및 뇌 과학 학습치료 전문가들이 대중수요에 비해 현저히 부족하다. 표현심리분야는 다른 전공 심리 상담치료보다 더 많은 문화 서비스 콘텐츠를 주도할 수 있는 전문 직업이다. 따라서 방송연예인들은 물론 많은 예술관련 (영상, 방송, 미술, 영화 등) 전문가들이 관심을 갖고 있으며 현재 방송과 개그맨으로 활동하는 임혁필(개그아카데미)과 영화감독 김동원 등이 표현심리 전문가로 활동하고 있으며 그 호응도가 상당히 높다.

표현심리 전문가들이 활동하는 곳은 심리센터, 대형병원, 복지관 문화재단, 국가행정기관의 심리 교화프로그램 등이며 심리적 문제가 있는 현대인들 특히 소아 청소년들에게 효과가 좋은 치료 영상프로그램으로 질 높은 수준의 심리케어를 진행하고 있다.

첫 번째 독서 활동

도서	나는 당신의 행복한 스타입니다	도서정보	김동철/ 홍문각 / 2015년
교육과정 핵심역량	의사소통 역량, 공동체 역량, 더불어 사는 의식	직업군	표현심리 전문가

『나는 당신의 행복한 스타입니다』는 인간이 겪고 있는 다양한 심리적 상황을 쉽고 편안하게 읽을 수 있게 풀어낸 심리학 에세이이다. 인간은 몸이 아플 때 의사에게 치료 받듯이 마음이 고통스러울 때에도 심리적인 치료를 받아야 한다. 마음도 몸처럼 치유된다는 믿음으로 자신을 삶을 포기하지 말아야 한다. 이 책은 심리와 정신적 문제를 대중의 호기심에 맞게 풀어내 스스로의 삶을 되돌아보게 하는 계기를 마련하였으며 연예인들의 근황과 관련하여 더욱 긴장감과 현실감이 있는 심리적 관점에서 구성된 책이다.

교육과정 연계 독서 활동

나의 주변에 심리적으로 상처를 받은 사람이 있나요? 있다면 친구를 소개해 주세요?

나의 친구는 부모님이 이혼한 가정이다. 항상 우울해있고 말이 없는 친구다. 집중력이 떨어져 학습에 관심이 없다고 한다. 안타까운 것은 친구의 동생도 친구와 비슷한 상태라고 한다.

이렇게 어려움에 처해 있는 친구에게 도움을 주려고 할 때 어떤 다양한 방법이 있을까요? 먼저 친구를 분석해 보고 증상을 관찰하는 것은 어떨까요? 또래의 친구들은 서로 공유하는 정보가 비슷합니다. 먼저 이야기를 시도해 보고 걱정을 해주고 다양한 매체를 통해 함께 영상을 본다든지 활동적 놀이를 하면 어떨까요? 친구를 도울 수 있는 지혜로운 방법에는 어떤 것들이 있을까요?

친구에게 가장 중요한 것은 외로움과 가정 파괴라는 두려움일 것이다. 사랑과 관심이 있는 따뜻한 말 한마디가 중요할 것이다. 먼저 주변 어른들께 도움을 청하고 친구를 위해 위로와 더불어 함께한다는 믿음을 주는 방법이 좋을 것 같다.

📢 가족 중에서도 심리적으로 마음의 상처를 받은 사람들도 있습니다. 여러분들은 부모님 혹은 형제들에게 얼마만큼의 마음을 헤아리며 사나요?

아빠는 회사생활이 많이 힘드신 것 같다. 휴일에도 집에서 업무를 하고 간혹 회사로 전화를 해서 짜증을 내기도 하신다. 나는 아빠에게 어떤 말도하기가 겁이 난다.

📢 우리는 왜 상처받은 사람들에게 치유를 해줘야 하나요?

사람은 누구나 심리적으로 불안하며 마음의 고통을 치료하기를 원하며 치료 받기를 원한다. 주변의 사람들이 서로를 치유해 주면 세상에는 마음으로 상처받는 사람들이 줄어들 것이다.

📢 서로가 서로에게 심리적 안정을 주고 치유를 해주는 배려가 있다면 어떨까?

심리적 배려를 받는 사람은 심리적 치유가 되어 좋을 것이고 배려를 하
는 사람은 배려를 해 주어서 자존감이 오를 것이다. 주고받는 것은 모두
가 행복해 지고 기분 좋은 일이다.

3단계별 이야기식 진로독서활동

가. 배경지식으로 찾아보기

🔖 표현심리의 치료 장르에는 어떤 것들이 있나요?

예) 음악치료, 영화치료, 미술치료, 영상제작 치료, 연극치료 등

🔖 현재 여러분의 심리상태에 대한 자문을 줄 수 있는 전문가를 찾아보고
인터뷰를 해 보아요.

〈인터뷰 : 김동철 심리학자〉

가족갈등, 스트레스, 우울증 등 심리적 문제를 해결해 주는 직업에는 어떤 것들이 있나요?

- 심리상담사 : 심리 상담을 통해 심리 치료를 해주는 직업.
- 신경정신과전문의 : 심리, 정신적 문제가 있는 사람들의 증상을 알려주고 신경학적 약물을 통해 정신을 치료해주는 직업.
- 표현심리전문가 : 다양한 표현치료 방법(영화, 음악, 연극 등)으로 심리를 안정시켜주는 직업.

우리 주변에서도 마음이 아프거나 다쳐서 고통을 받는 사람들이 많이 있습니다. 또한 그들의 심리정서를 위해 노력하고 봉사하는 사람들도 많이 있습니다. 이렇게 노력하고 봉사하는 사회안전망으로는 어떤 단체, 정책들이 있는지 조사해 봅시다.

- Wee 센터 :
- 함께 사회 서비스 센터 :
- 교육청 심리치료 지원단 :
- 정신 보건법 :

심리안정 및 인간의 정서를 위해 일하는 다양한 분야의 전문가를 여러 분들이 소개해 주세요.

- 아동 놀이 코칭 전문가
- 자살예방 상담원
- 심리상담 콜센터 상담원
- 복지센터 직원

다양한 심리치료기법들이 치유에 도움을 주고 있습니다. 표현심리 치료 이외에 알고 있는 심리치료 방법이나 아이디어를 공유해 주세요.

숲 치료는 숲에서 걷고 시간을 보내는 치유법이다. 숲 치료를 통해 스트레스를 낮추고 면역성을 높이는 치유 방식이다. 실제로 면역세포 증가를 활성화시키는 임상결과가 있어 주목받고 있다. 단순히 마음의 변화를 넘어 숲에서 머무는 것만으로도 신체적 안정 및 혈압이 낮아지는 것을 체험 할 수 있다고 한다.

〈출처 : 대구 MBC뉴스, 이투데이〉

　　매년 발생되는 어린이 학대사건은 어제, 오늘의 일이 아닙니다. 신체적 학대와 함께 정신적 학대의 사례는 너무나 많아 무서울 따름입니다. 미래의 기둥이 되는 어린이들의 심리안정, 정신건강을 위해 보다 넓고 안정된 그리고 지속된 심리건강 정책이 필요합니다. 현재 운영이 되고 있는 무료급식이나 어린이집 CCTV설치 및 어린이들을 위한 기초적 보완은 되어있지만, 더욱 안정적이고 예방차원의 심리정책은 없는 것이 사실입니다. 그렇다면 어떠한 미래 정책이 필요하며 어린이들이 요구하며 필요한 심리정책은 과연 어떤 것일까요?

토론 주제 : 어린이를 위한 심리안정 정책이 확대되어야 한다.

찬성

　사람들의 마음은 언제든지 변할 수 있으며 다양한 형태로 감정 표현을 합니다.　심리적으로 우울하거나 스트레스가 많다면 우리의 생활은 행복하지 않을 것입니다. 우리가 행복해 질 수 있는 것이 있다면 무엇인지 그리고 어떤 행동을 해야 행복한지 도표에 표현해 봅시다.

우리가 행복해 질 수 있다면 그것은 무엇인가?	나는 이런 행동을 할 때 더 행복해 질 수 있다.
1.	1.
2.	2.
3.	3.
4.	4.
5.	5.
6.	6.

도서	치유의 영화관	도서정보	이계정 / 소울메이트 / 2004년
교육과정 핵심역량	공동체 역량, 자기관리 역량, 심미적 감성역량	직업군	표현심리 전문가

    심리학자와 함께 가는 『치유의 영화관』은 갈등을 통해 성장하는 우리의 모습을 영화를 통해 비추어 본 심리서로, 심각한 갈등에 빠진 사람들의 문제뿐만 아니라 누구나 겪을 수 있는 평범한 고민까지 폭넓게 다루고 있다. 《그래비티》《러브레터》《이터널 선샤인》《원스》등 누구나 들어봤을 법한 영화부터 《타인의 취향》《그레이트 뷰티》《로렌스 애니웨이》처럼 많이 알려지진 않았지만, 깊이 생각해 볼 수 있는 영화까지 다루며 심리학에서 빠질 수 없는 불안과 고독, 나르시시즘, 자기애적 성격장애를 비롯해 선택과 공감의 문제에 대해서도 두루 생각해 볼 기회를 제공한다.

교육과정 연계 독서 활동

가. 공동체 역량

🔊 이 책의 저자는 평화를 얻고 함께 사랑을 실천하는 것에 대하여 많은 철학을 공유하고 있습니다. 여러분이 생각하고 있는 진로 분야에서는 사회적으로 어떤 의미가 있습니까?

나는 의사가 되고 싶다. 슈바이처 박사처럼 봉사와 희생으로 진정성 있는 사랑을 실천하고 싶다.

나. 자기관리 역량

🔊 과거의 나쁜 기억들이 잊혀 지지 않고 지속적으로 남아 현재의 상태로 이어졌다면 현재 나의 모습은 어떨까요?

항상 부정적인 생각을 갖고 있으며, 나쁜 기억 속에 행동이나 생활이 나를 부정적으로 만들어 결국 우울해지며 고통스러울 것이다.

심리 치유를 위해 내가 해야 할 일은 무엇일까요?

- 자기분석 : 자신을 잘 알아야 어떠한 문제가 있는지 파악 할 수 있다.
- 과거기억 지우기 : 과거의 기억은 소멸된 것임으로 현재 진행형이면 그 고통은 현재 것이 됨으로 과거의 부정을 현재로 옮겨와서는 안된다.
- 마음 챙김 : 현재 자신의 행복을 챙기고 지금 순간을 사랑해야 한다.
- 함께 치유하기 : 혼자 보다는 함께, 그리고 단순한 치료보다는 다양한 치료를 선택하여 자신에 맞는 치유 방법을 찾아야 한다.

내가 만약 표현심리 전문가가 되었다면 제일 먼저 누구를 치유해 주고 싶은가요?

내가 사랑하는 사람을 먼저 치유해 주고 싶다. 이유는 내가 사랑하는 사람이 마음의 상처를 받아 아프다면 나 또한 마음이 아플 것이다. 상처를 공유하는 차원에서 제일 먼저 치유를 하고 싶다.

가. 배경지식으로 찾아보기

심리현상 중 심리와 관련된 단어의 의미를 조사해 봅시다.

- 상실 : 기억, 정신, 자격, 권리 따위를 잃어버림.
- 갈등 : 이해관계 따위가 달라 서로 적대시하거나 충돌을 일으킴을 이르는 말.
- 두려움 : 위협 또는 위험을 느껴 마음이 불안하고 조심스런 느낌.

심리 혹은 정신적 안정을 위해 많은 사람들에게 도움을 준 인물들에 대해 조사해 봅시다.

- 칼 융 Carl Gustav Jung : 분석심리학의 기초를 세웠고 외향성·내향성 성격, 원형, 집단무의식 등의 개념을 제시하고 발전시켰다. 그의 업적은 정신의학과 종교·문학 관련 분야의 연구에 지대한 영향을 미쳤다.
- 테레사 수녀 Mother Teresa : 인도의 로마 가톨릭교회 수녀로 1950년에 인도의 캘커타에서 사랑의 선교회라는 기독교 계통 비정부 기구를 설립하였다. 이후 45년간 사랑의 선교회를 통해 빈민과 병자, 고아, 그리고 죽어가는 이들을 위해 인도와 다른 나라들에서 헌신하였다.

심리치료는 면대면의 직접적인 방법이 보편화 되어있지만 소셜 네트워크 서비스(SNS)가 발전된 현대 사회에서는 다양한 심리치료 방법이 운영 중에 있다. 어떠한 방법으로 치료를 활용 할 수 있는지 알아보자.

온라인 메일 상담, 화상 상담, 전화 상담 등

심리적으로 불안하거나 상처가 있는 사람들을 상담하고 치료를 하다보면 여러모로 많은 심리전문가들의 고충이 있습니다. 종사자들의 어려움에 대해 함께 생각해 봅시다.

가정불화 혹은 자아 비관적인 문제로 찾아오는 사람들이 많습니다. 요즘은 누구나 스트레스가 많아지면서 짜증이 늘고 과잉행동과 돌발적인 분노 표출이 많습니다. 그에 따라 심리전문가들도 긴장하며 상담을 하는 것이 대부분입니다. 갑작스럽게 욕을 하거나 위협을 하는 경우도 간혹 있으니까요.

📢 우리나라 정신 보건, 심리시설 종류에 대해 조사해 봅시다.

- 병의원 시설 : 신경정신과, 종합병원, 정신요양원
- 사설 심리센터 : 심리케어, 심리상담센터
- 발달센터 : 아동 발달센터
- 공립 심리센터 : Wee센터

📢 타인의 말에 귀를 기우리며 그들의 심리적 상처를 분석하고 해결해 주는 일은 쉽지 않습니다. 심리치유 분야 종사자들에게 요구되는 자질에는 어떤 것들이 있을까요?

친절함과 배려심 그리고 타인에 대한 존중이 필요합니다. 내원자들 모두가 심리적 상처가 있기 때문에 모두들 예민하고 두려워합니다. 이런 상황을 잘 이해하고 관찰하는 능력과 근성도 필요 합니다.

가족이 심리적으로 문제가 생기면 개인의 문제가 아니라 가족 전체의 문제로 확산되는 경우가 많은데 이를 두고 가족 감응효과라고 합니다. 마치 전염병처럼 퍼지는 것을 의미하죠. 그렇기 때문에 가족 한 명이 심리적 상처를 받았다면 최대한 빨리 문제를 해결하려는 의지와 소통이 필요합니다. 먼저 대화를 하고 무엇이 문제인지를 분석하고 함께 돕겠다는 의지를 보여야 합니다.

토론 주제 : 심리적 치유를 위해 가족이 노력해야 하는 것은 무엇이 있을까요?

주장 1.

주장 2.

자기 심리 상태에서 스스로 부끄러운 모습이 있다면 그것이 어떤 의미를 지니고 있는지 말해 봅시다.

나의 부끄러운 모습이 지속적으로 보여 진다면 나의 존재는 위축될 것이며 쓸모없는 인간이라 생각 들 수도 있다. 자신의 역할은 부끄럽지 않으며 자신만의 고유한 강점을 가지고 있다. 그러므로 타인의 시선에서 벗어나 나만의 행복을 추구해야 한다.

다음 기사 내용을 읽고 물음에 답하시오.

아동 성폭행 피해가족들의 그 후

"2월 들어 밤에 자다 깨서 '귀신을 봤다'고 울거나 이불에 오줌을 싸는 일이 많아졌어요. 그러더니 '사람들이 나를 알아보는 것 같다'며 또 이사를 가자고 졸랐어요. 아마도 3월에 다시 학교에 갈 게 두려웠나 봅니다. 그래서 급하게 이곳으로 이사했습니다." 경기도의 한 소도시로 이사 온 윤아는 또래 아이들과 다른 삶을 살고 있다. 잠도 엄마와 둘이서만 자야 하고, 엄마가 학교에 데려다주고 데려와야 한다. 친구도 거의 사귀지 않는다. 방과 후엔 집에 돌아와 책을 읽고 컴퓨터 게임을 하다 잠드는 게 생활의 전부다. 오빠가 어쩌다 예전 이름으로 부르면 "난 ○○가 아니야"라고 소리를 지르며 덤벼든다. 다른 사람이 보고 있어도 아랑곳하지 않고 아빠에게 주먹질을 해대기도 한다. 아빠는 오죽 충격이 컸으면 그럴까 싶어 죄다 받아준다. "지방으로 이사 오고 나니 근처에 전문의가 없어 정신과 치료도 그만뒀습니다. 이러다 사춘기가 되고, 성인이 되어서 자기 몸을 소중하게 여기지 않을까봐, 그래서 쉽사리 가출을 하거나 원조교제에 빠져 들까봐 걱정입니다. 어떻게 키워야 할지 정말 막막해요." 위축, 퇴행, 우울증, 성의식 장애… 몇 년 전 발생한 조카딸의 성폭행 사건 재판을 수습하고 있는 김 모(43)씨는 "조카와 여동생을 생각하면 가슴이 터질 것 같다"고 털어놨다. 여동생 모녀는 지금도 불쑥불쑥 불안감과 적대감을 드러내고 있다. 김 씨의 조카 민지(가명·6)는 2년 전 부모가 이혼절차를 밟느라 큰아버지 집에 맡겨졌다가 큰아버지로부터 성폭행을 당했다. 그 일이 있은 후 민지는 아버지는 '아저씨'라고, 큰아버지는 '나쁜 놈'이라고 부른다. 길을 걷다가도 저만치에 건장한 남자가 보이면 얼른 외할머니 뒤로 숨는다. 민지 엄마는 한겨울에도 창문을 열어놓지 않으면 치밀어 오르는 화기를 식힐 수 없어 잠을 자지 못한다. 얼마 전에는 1년 남짓 사용해온 전화번호를 바꿨다. "이상한 전화 한 통이 걸려왔다"는 게 이유였다. 할머니와 TV를 보는데 드라마에서 슬픈 장면이 나와 할머니가 눈시울을 적시니까 민지가 그랬대요. '할머니, 민지도 불쌍한데…'라고. 할머니가 '왜 민지가 불쌍해'하고 물으니 '큰아빠가 찌찌 찢어서…'라고 해요. 그런 아일 지켜보는 제 마음이 어떻겠습니까.

○○년 5월 제주대 의대 곽영숙 교수(소아정신과)가 50명의 성폭행 피해자를 연구한 뒤 발표한 논문('성학대를 받은 소아청소년의 정신의학적 후유증에 관한 연구')은 성폭행 후유증을 잘 보여준다. 곽 교수의 연구에 따르면 성폭행 피해자들에게 가장 두드러진 증세는 우울증이며, 특히 어린이 피해자들에게선 야뇨증과 격리 불안, 퇴행, 학교 거부증 등이 나타났다. 또한 어린이들은 1년이 지났을 때 오히려 우울증이 더 심해지고 성 행동에도 심각한 문제가 나타나는 경향이 있었다. 어릴 때 성폭행을 경험하고 청소년이나 성인이 됐을 경우 충동 조절의 어려움, 죄책감, 난교, 가출 등의 문제를 보이는 것으로 조사됐다. 성폭행을 경험한 아이에게서 가장 흔하게 나타나는 문제행동은 위축감이다. 전문의들은 성폭행 피해 아동이 친구를 사귀는 데 어려움을 겪거나 학업 수행에도 장애를 나타내는 경우가 많다고 전한다. 성폭행을 겪은 나이가 어릴수록 그 피해는 크다. 곽 교수는 "성 학대를 받은 나이가 어릴수록 성에 대한 태도와 가치관, 성폭행에 따른 정신적 상태에 큰 문제가 있는 것으로 드러났다"며 "사춘기의 신체 변화 등에 제대로 적응하지 못할 위험이 크다"고 진단했다. 초등학교 2학년 때 의붓아버지로부터 약 두 달 동안 성추행을 당한 한 어린이는 실제로 성의식 장애를 보였다. 이 아이는 상담과정에서 "처음에는 새 아빠가 욕을 하면서 '시키는 대로 안 하면 내 쫓는다'고 해서 무섭고 싫었다. 그렇지만 조금 지나니까 괜찮았다. 새 아빠를 보거나 목소리를 들으면 함께 있고 싶은 생각이 들었다"고 털어놨다. 이 아이는 부모와 떨어져 쉼터에서 생활하는 동안 상담원과 보모를 자기 뜻대로 이용하려 하고, 하자는 대로 해주지 않는 상담원과는 말도 하지 않았다. 다른 아이들을 데리고 '팬티 장난'을 즐기기도 했다. 그러나 사건에 대한 이야기를 시작하면 울음을 터뜨리며 위축됐고 밤에는 불면과 악몽에 시달렸다.

(출처 : 월간 신동아 2003년 7월호. 밀착취재 중에서)

1) 아동 폭행이 아동심리에 어떠한 영향을 미칠 수 있는지 토론해 봅시다.

아동이 겪는 심리적 피해는 성인이 된 이후에도 지속적으로 나타날 수 있다. 즉 트라우마 증상이나 불안증 퇴행행동이 나타나며 심한 경우 사회적 적응이 어려우며 심각한 정신적 질환을 보일 수 있다.

2) 종사자들이 어떤 일을 하고 있는지 살펴보고 토론해 봅시다.

심리검사, 정신분석, 학술논문, 집필, 심리치료 등

영상표현 치료에 따른 영화를 함께 보고 토론해 봅시다.

영화를 보거나 책을 읽거나, 영상, 음악을 통해 심리적으로 위안을 받은 적이 있나요? 있다면 어떤 장르이며 무엇을 느끼고 치유 받았나요?

아름다운 세상을 위하여
(Pay it forward, 2000)〉

영화 '아름다운 세상을 위하여'는 희망과 사랑을 발견하는 영화이다. 우연은 없습니다. 사랑은 만들어 가는 것입니다! 사회 선생님인 오이진 시모넷(케빈 스페이시 분)에게 있어서 가장 중요한 것은 질서로서, 모든 것은 정돈되어 있어야 하며 그렇지 않을 경우에는 참을 수 없어 하는 성격의 소유자이다. 한편 앨렌느 맥키니(헬렌 헌트 분)는 혼자서 11살인 아들 트레버(할리 조엘 오스먼트 분)를 키우며 살아가는데, 양육비를 벌기 위하여 라스베가스의 칵테일, 종업원 일 등 두 가지 일을 맡아 정신없이 바쁘게 움직이지만, 별로 삶의 비전을 발견할 수 없으며 그 자신은 알콜 중독자이기도 하다. 그녀에게 있어서 무엇보다도 큰 문제점은 아들에게 새로운 삶을 안겨주고 싶어 하지만, 마음대로 되지 않는다는 점이다. 오이진은 트레버의 학급에 새로운 숙제를 내는데, 숙제의 테마는 "주위를 둘러보고 자신이 좋아하지 않는 무엇이 있으면 고쳐라."이다. 만일 좋아하지 않는 주위의 무엇이 사람이라면? 이제 트레버는 이 숙제를 실천하기 위해 나서고, 상처받은 두 영혼 오이진과 앨렌느는 트레버를 통하여 새로운 희망과 사랑을 발견한다.

〈http://www.welfare24.net/ab-3160-7〉

1) 영화를 직접 보거나 주어진 줄거리를 참고하여 제시된 〈조건〉들에 맞게
   한 편의 소감문을 써 봅시다.

> 〈조건 1〉 내가 생각한 사랑과 희망은 어떤 것인가에 대하여 생
>   각하면서 적어본다.
> 〈조건 2〉 주인공이 얻은 교훈은 무엇인가를 생각하면서 적는다.
> 〈조건 3〉 이 영화가 우리에게 주는 교훈 또는 감동은 어떤 것인지
>   생각하며 적는다.

소감문 :

_____

_____

_____

_____

_____

_____

_____

_____

_____

유사 직업 안내

 직업 상담사

　직업 상담사는 상담 업무, 직업소개 업무, 직업관련 검사의 실시 및 해석 업무, 직업지도 프로그램의 개발과 운영 업무, 직업상담 행정 업무 등을 수행하는 종사자다. 구직자나 미취업자 등에게 적성검사, 흥미검사 등을 실시하여 구직자의 적성과 흥미에 알맞은 직업을 찾아주고 이에 대한 정보를 제공하며, 직업선택, 직업설계, 구직활동 등을 전문적으로 돕는 역할을 한다. 또한 직업전환, 직업적응, 실업 및 은퇴 등의 과정에서 발생하는 다양한 문제들에 적절히 대처하기 위한 정보 제공과 전문적인 상담활동을 수행한다. 더불어 청소년, 여성, 고령자, 실업자 등을 위한 직업지도 프로그램의 개발과 운영 등도 담당한다.

　실제 고용노동부 통계를 보면 '상담전문가'는 매년 5%씩 증가하고 있다. 상담 전문가 중에서도 청년 취업난과 고령화, 베이비부머의 퇴직 열풍으로 구직 수요가 증가하면서 직업교육을 도와주고 일자리도 알선하는 직업상담사 역할이 중요해지고 있다.

청소년 지도사

청소년기본법에 따른 자격검정 시험에 합격하고 소정의 연수과정을 마친 뒤 자격증을 취득한 청소년지도자를 가리킨다. 청소년 수련시설 및 단체, 사회복지시설 및 단체, 학교 등 청소년과 관련된 모든 활동현장에서 청소년 활동 지원, 청소년 복지 증진, 청소년 보호와 관련된 직무를 수행한다. 자격 등급은 1급·2급·3급으로 구분된다.

청소년 상담사

청소년 상담사란 청소년 상담관련 분야의 상담 실무경력 및 기타 자격을 갖추어 대통령령이 정하는 자격검정에 합격하고 연수를 마친 자로서 청소년 상담사 자격증을 교부 받은 자이다. 청소년 상담사는 학력 또는 경력에 따라 1·2·3급으로 구분된다.

최근 집단 따돌림, 학교 폭력 등 청소년 문제가 사회 문제화 되면서 청소년 상담에 대한 필요성과 관심이 증가하고 있어 청소년 상담사에 대한 수요는 더욱 증가할 것으로 예상된다. 주요 업무로는 청소년 상담사는 청소년을 보호·선도하고 건전한 생활을 지도하며 수련활동의 여건을 조성하고 장려 및 지원하는 역할을 한다. 또한 청소년 단체를 육성하고 그 활동을 지원하며 지역사회에서 청소년에게 유익한 환경을 조성하고 유해환경을 정화하는 등의 직무를 수행한다. (출처 : 한경 경제용어사전, 두산백과, 네이버 지식백과)

- 한국영상영화치료학회 http://www.cinematherapy.co.kr/

- 한국심리치료사협회 http://www.kams.re.kr/

- 한국예술심리상담협회 http://www.kapca.net/site/

- 한국미술심리치료협회 http://www.kapa.pe.kr/

- 명지대학교사회교육원 http://ice.mju.ac.kr/

6장

해수담수화 연구원

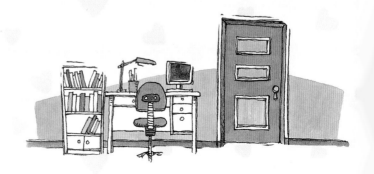

해수담수화 연구원은
지구촌의 물 부족 문제를 해결하기 위한 방법으로
기술 개발을 통해 바닷물을 먹을 수 있는 물로 바꾸는
일을 하고 있다.

01 재미있는 직업 이야기

직업 노크하기

물은 많지만 마실 물이 부족했던 노인

〈출처 : 주드 테일러 감독의 영화 '노인과 바다'〉

그는 물병의 물을 마신 후부터 기분이 좋아져 있었다. 그는 물고기가 이제는 그에게서 도망갈 수 없는 것을 알았고, 그의 머릿속이 맑아져 있음을 느꼈다. 물병 속에는 아직 두 모금 가량의 물이 남아 있었지만, 새우 식사 후에 반모금은 마셔 버렸다. 배는 이런저런 불리한 조건들을 고려할 때 꽤 잘 가고 있는 편이었다. (중략) 이제 그는 물고기가 분명히 실재해 있다는 것과 그의 두 손과 등도 전혀 꿈이 아니라는 것을 알고 있었다. 손은 빨리 상처가 아물지, 그는 생각했다. 손에 난 상처에서 피를 깨끗이 씻어 냈으니까. 그리고 소금물은 상처를 잘 아물게 해. 바닷물은 그 중에서도 효력이 제일이지.

〈출처 : 노인과 바다, 어니스트 헤밍웨이, 하서, 2008〉

젊었을 때 어부로서 큰 명성을 떨쳤던 한 사람이 눈에 띠는 성과나 결과물은 없지만, 끊임없이 도전하는 인간의 존엄성을 보여준 서양 고전 〈노인과 바다〉 내용 중 일부분이다. 망망대해에 가득한 물과 그 물 한가운데서 물고기와 사투를 벌이고 있는 노인은 자신이 가져온 물병의 물을 아끼면서 조금씩 몸과 마음의 기운을 회복하고 있다. 이렇게 우리가 사는 지구에는 물은 많지만 인간이 마실 수 있는 물은 매우 부족하다고 한다. 그 이유는 무엇일까? 그리고 이런 물 부족 현상을 해결하기 위해 청소년들은 무엇을 해야 할까?

　우리는 일상에서 생수를 자주 사서 먹는다. 불과 20년 전만해도 돈을 주고 물을 사먹는 날이 올 거라고는 상상조차 못했다. 하지만 이제 전 세계는 물부족 문제를 겪고 있다. 물부족 국가라 하면 대개 아프리카, 중동지역 등을 떠올리는 경우가 많지만, 전문가들은 2025년에 전 세계인구의 3분의 2가 물부족 사태를 맞이할 수 있다고 예상하고 있다. 그만큼 물 부족 문제를 해소하기 위한 인류의 노력이 중요한 시점이다. 하지만 물은 지구표면의 약 71%를 차지한다.

　그런데 왜 이렇게 물 부족 현상이 일어나는 것일까? 그 이유는 바로 바닷물이 지구상 물의 약 97.2%를 차지하고 있기 때문이다. 그러나 바닷물에는 염분과 용해물질이 섞여 있다 보니 식수와 생활용수 등으로는 사용하기 어렵다. 그렇다면 이 많은 물을 마시고 유의미하게 사용할 수 있는 물로 바꿀 수는 없을까? 해수담수화 연구원은 지구촌의 물 부족 문제를 해결하기 위한 방법으로 바닷물을 먹을 수 있는 물로 바꾸는 일을 하고 있다. 이들은 바닷물에 녹아 있는 염분과 각종 용해물질을 제거하여 식수, 생활용수, 공업용수 등을 얻어내는 일을 한다.

　해수(海水)가 어떤 성분으로 구성되어 있는지, 바닷물에 어떤 성분이 제거되고 추가되어야 사람이 먹을 수 있는 물이 되는지를 계속해서 연구한다. 해수담수화 연구원은 기초연구를 수행하는 사람과 이 기초연구를 실제로 실현시켜 담수화 시설을 만드는 데 기여하는 사람으로 구분할 수 있다.

해수담수화 시설 〈출처 : 원자력신문 2014. 5. 13〉

기초연구를 수행한다는 것은 과학적 원리를 이용하여 해수를 담수로 바꾸는 방법을 개발하는 것이다. 지금까지 해수를 가열하여 발생한 증기를 응축시켜 증류수를 얻어내는 방법, 삼투압 원리를 적용하여 물만 통과시키고 염분은 통과시키지 않는 방법 등이 개발되어 현장에서 적용되고 있다.

또한 담수화 시설을 만드는 일은 엄청난 양의 해수를 담수로 전환하기 위한 대규모 설비인 해수담수화플랜트를 만들고 운영하는 것을 말한다. 플랜트 공정장치와 핵심부품을 만들어 플랜트를 효과적으로 건설하고 효율적으로 관리하는 일을 한다.

해수담수화 기술은 다양한 기술들이 조화를 이루는 종합 기술에 속한다. 고 농도의 염분을 포함해 해수의 특성 때문에 설계 시공 기술뿐만 아니라, 유지 관리 기술까지 모든 관련 분야가 맞물려 돌아갈 때 담수화 설비인 플랜트가 제 역할을 할 수 있다. 플랜트(plant)란 기계와 장치를 기술적으로 복합하여 원료나 중간재, 최종 제품을 제조할 수 있는 설비를 말한다.

해수담수화 연구원으로 일하려면 일단 해수담수화와 관련한 자연과학 기초 지식이 바탕이 되어야 한다. 여기에는 물리학, 화학, 미생물학에 대한 지식이 해당된다. 물리나 화학과 관련한 과학 실험을 직접 체험해보고, 실험의 결과 를 살피면서 실험과정에 오류가 있었는지를 체크하는 활동 등이 도움이 될 수 있다. 그리고 물질분석, 기기분석, 물질이동현상, 수학, 분리·공정, 시스템 엔지니어링에 대한 공부도 필요하며, 맴브레인과 같은 막을 연구하기 위해서 는 재료공학 등의 전공도 필수적이다. 더불어 해수담수화 연구원은 플랜트 설 비나 공장을 만드는 공학자들과 함께 일하는 경우가 대부분이다. 그러므로 타 인의 이야기를 정확하게 이해하고 자신의 주장을 간결하면서도 제대로 전달 할 수 있는 의사소통 능력도 매우 중요한 자질이 될 수 있다.

친구들과 함께 실험하고 토론하는 활동과 팀별 프로젝트를 협업을 통해 완 성해나가는 연습이 도움이 될 수 있다. 해수담수화 연구원들은 주로 해수담수 화, 수처리 연구를 진행하는 사업단 및 연구기관 등에서 근무한다. 전문 연구 원으로 석사 이상의 학력이 요구되며, 물 산업이 세계화 되어감에 따라 해외 수출 및 현지작업, 외국계 기업의 국내진출과 맞물려 외국어 회화 능력도 중 요한 자질로 평가받고 있다.

02 누구에게 어울릴까

흥미와 적성

지구온난화 및 인구 증가로 인한 물 부족 문제는 앞으로 더욱 심화될 것으로 전망되면서 물 산업에 대한 관심이 전 세계적으로 증가하고 있다. 해수담수화 연구원이 되려면 항상 바닷물을 비롯한 지구상의 모든 수자원에 대한 관심과 꾸준히 관찰하는 습관이 필요하다.

일상생활 중 주변의 물 오염 문제와 기후변화로 인한 식수 부족 문제 등에 대해 자신만의 생각을 정리하여 해결책을 제시해보는 논증적인 글쓰기도 해당 분야의 현황과 지식을 넓혀줄 수 있는 방법이 될 수 있다. 또한 물 산업 자체가 전문적인 영역이기 때문에 관련 분야 간행물을 통해 최신의 정보와 세계 여러 곳의 현황을 파악하는 일도 적성을 좀 더 체계적으로 계발시킬 수 있다는 점에서 유용할 수 있다. 물 산업은 물을 취수하고 정수하여 사용한 후 하수처리 및 방류하는 일련의 물 순환과정 속에 참여하는 제조업, 설계 건설업, 운영 관리업 등을 총칭한다.

최근 국내 대기업 중 한 곳이 아랍에미리트의 후자이라 담수 플랜트 사업을 7억 9,900만 달러에 주문받았다. 미래에는 이외에도 많은 담수전환 회사들이 생길 것이다. 담수전화회사의 연구원이 되고 싶다면 고등학교에서는 과학 과목을 통해 기초 지식을 습득한 다음 대학교는 화학과나 건축설계학과 등에 들어가는 것을 권장한다. 경영학이나 경제학 등을 전공해서 영업부 사원이 될 수도 있다.

고도물처리 산업은 물을 취수하여 정수 처리한 후, 공급하고 물 사용 이후 하수와 폐수를 이송 처리하는 데 관여하는 제조 및 서비스업 일체를 포괄한다. 고도물처리 기술은 대표적으로 해수담수화 기술과 수처리 기술로 구분된다. 최근 민영화, 해수담수화를 포함한 담수 사업의 증가 및 분리막에 의한 수처리 기술 패러다임의 전환 등으로 미래 녹색성장의 주축으로서 꾸준한 성장이 예상된다. 향후 10년 간 전 세계 평균 2.5%의 성장이 전망된다. 고도물처리 산업의 발전은 물 관련 플랜트, 화학, 소재 산업 등 관련 산업에 상당한 파급효과가 예상되며, 특히 최근 연관 기술발달에 따른 하이테크 산업화 진행으로 새로운 고부가가치 창출도 기대된다. 국내 고도물처리 산업은 충분한 성장 잠재력을 보유하고 있어 상하수도, 플랜트, 댐건설 등의 국내 기술 수준은 단기간에 선진국 수준에 도달 가능하며, 해수담수화 분야는 이미 세계 1위의 기술력을 보유하고 있다. 정부도 국내 물 산업 규모를 계속해서 확대하고 세계 10위권 기업 2개를 육성하는 장기 비전을 발표하였다.

세계 고도물처리 산업은 인구증가, 기후변화, 수질오염, 물 부족 심화 등으로 계속해서 확대되어 대규모 시장이 형성될 것이라 전망되고 있다. 최근에는 중국, 인도 등 주변 개도국에서 상하수도 인프라 구축을 위한 투자가 빠르게 확대되고 있다. 또한 물, 전력 등 다수의 공공재를 단일 기업에게 공급받는 멀티-유틸리티 경향이 유럽에 확산되면서 에너지 기업들이 신규 진입하고 있다. 우리나라에서도 물이 부족한 독도 등의 섬, 효율적 바닷물 활용이 시급한 일부 지역에서 해수담수화 연구가 이뤄지고 있다. 하지만 해수담수화 작업이 가장 활발하게 진행되는 지역은 역시 경제력을 갖춘 중동 국가이다. 중동 국가의 해수담수화 시설 건립 공사를 맡게 되면 그 규모가 크게는 수조 원에 이른다.

우리나라는 중동 지역 내 대형 해수담수화 프로젝트를 주도하는 등 관련 분야에서 세계적으로 인정받고 있어서 국내 기업들의 해외진출이 활발한 편이다. 이 때문에 해수담수화 연구원에 대한 수요 역시 늘어날 것으로 전망한다. 이미 국내 다수 기업은 향후 '물 산업 시대'가 올 것이라고 보고, 저비용 고효율의 해수담수화 기술을 개발하기 위해 양질의 인력 확보에 심혈을 기울이고 있다. 최근 미래 해수담수화 시장을 선점하기 위한 정부 차원의 연구 지원도 활발히 이뤄지고 있어서 해수담수화 연구원의 활동 경로와 영역은 보다 다양해질 전망이다.

첫 번째 독서 활동

도서	수돗물이 뚝!	도서정보	신정민 / 파란자전거 / 2009년
교육과정 핵심역량	지식정보 처리 역량, 자료 · 정보 활용 역량, 과학적 탐구 능력	직업군	해수담수화 연구원

「수돗물이 뚝!」은 롬이의 신기한 주전자 속 여행을 통해 물에 관한 5가지 이야기를 펼치고 있다. 판타지 소재를 이용해 어린이들이 흥미진진하게 책을 읽을 수 있도록 하는 것과 동시에, 정보와 이야기를 탁월하게 접목시켜 사회 현상 속에 이야기가 흐르도록 하였다. 단수가 된 어느 날, 엄마 아빠는 여행을 가고 집에서 혼자 실컷 놀며 지내던 롬이는 검은 악마의 마법에 걸려 500년 동안이나 주전자 속에 갇혀 있다는 난쟁이를 도와주기 위해 열 가지 소중한 물방울을 찾아 물길 여행을 떠나게 된다. 여행에서 물의 다양한 모습이 되어 보기도 하고, 물이 부족해 괴로워하는 사람들과 만나고, 오염된 물 때문에 몸살을 앓고 있는 세계 곳곳을 돌아보기도 한다. 그러면서 물의 올바른 사용과 물 오염에 대해 깊이 생각하게 된다.

교육과정 연계 독서 활동

바닷물의 짠맛을 경험해 본 적 있나요? 있다면 그때 느낌을 솔직히 말해 주세요.

지난 여름방학 때 대진해수욕장에서 튜브를 타고 놀다고 물놀이 하면서 조금 맛보았는데 엄청 짜다는 생각을 하였다. 그런데 물장난 치다가 튜브가 뒤집히면서 바닷물이 목으로 넘어가기도 하였다. 그땐 먹은 바닷물과 전에 먹은 음식까지 토하고 말았다.

우리가 갈증을 느끼는 이유는 우리 몸의 어떤 변화 때문일까요?

몸속의 물은 똥이나 오줌, 땀 등으로 끊임없이 배출되기 때문에, 우리는 매일 새로운 물을 필요로 한다. 만약 몸속에 물이 조그만 모자라도 우리는 갈증을 느끼게 된다. 더불어 12% 정도가 모자라도록 물을 공급해주지 않으면 생명을 잃게 된다.

우리나라는 3면이 바다이고 곳곳에 강과 하천이 많이 흐르고 있습니다. 그런데 우리나라도 물 부족 국가에 속한다고 합니다. 물 기근 국가, 물 부족 국가, 물 풍요 국가를 나누는 기준과 해당 국가에 대해 각각 조사해 봅시다.

- 물 기근 국가(항상 만성적으로 물이 부족한 국가) : 쿠웨이트, 바레인, 싱가포르, 사우디아라비아, 이집트 등 서남아시아 및 북부아프리카 지역
- 물 부족 국가(주기적·정기적으로 물 부족 국가) : 인도, 파키스탄, 폴란드, 남아프리카, 덴마크, 한국
- 물 풍요 국가 (장래 물 부족이 없는 국가) : 노르웨이, 캐나다, 미국, 브라질, 호주

이롬이의 물 여정을 읽고 우리가 일상생활에서 많이 사용하고 있는 수돗물이 만들어지는 과정에 대해 더 알아보아요?

취수원 ~~~ (가압장) ~~~ (응집지) ~~~ (정수지) ~~~ 배수지

지구촌 전체의 물의 양에 대해 조사해 봅시다.

지구 전체 : 1,400,000,000,000,000,000톤

바닷물 : 지구 전체 양의 97.2%(나머지가 담수)

양극 지방 : 담수 전체 양의 77%

지하수 : 담수 전체 양의 22%

그 외 담수 : 담수 전체 양의 1%

수인성 전염병이란 어떤 것일까요?

산업화와 인구 증가로 인해 자연환경이 나날이 오염되고 있다. 하늘에서 내리는 비는 공기 속의 성분을 머금고, 땅에 내린 비는 돌 속에 있는 오염된 성분을 빨아들인다. 그러니 공기와 흙이 오염되면 자연히 물도 따라 오염되고, 이렇게 오염된 물을 마시면 병에 걸리기 쉬운데, 물에 의해 옮는 병을 '수인성 전염병'이라고 한다. 기온이 높고 습한 곳, 주변 환경이 불결하며 모기 따위가 들끓는 지역에서 발생 비율이 높다.

3단계별 이야기식 진로독서활동

많은 사람들이 물을 '생명의 원천'이라고 부르는 이유는 무엇 때문일까요?

물은 우리가 생활하는 데에만 필요한 게 아니다. 논밭에서 곡식이랑 채소를 가꿀 때, 가축을 기를 때, 공장에서 물건을 만들 때, 심지어 전기 등의 에너지를 만들 때도 반드시 필요하다. 즉 지구 위에 살고 있는 모든 동식물에게 필요하며, 이런 생물체가 생활을 영위하기 위해 꼭 필요한 대체불가 자원이기 때문이다.

물이 부족하였을 때 일어날 수 있는 문제에는 어떤 것들이 있을까요?

• 일상 생활 불편 : 세면과 배설 처리 문제, 식음료의 부족으로 생명 유지에 폐해

• 자연 파괴 현상 : 물을 확보하기 위해 무리한 댐 건설 및 보 건설로 자연환경 파괴 및 물순환 문제 발생

• 지역 감정 : 사용할 물을 확보하기 위해 지역 간의 물 확보 문제, 상류 지역과 하류 지역 간의 물 공급 문제와 오염 문제로 지역감정 야기 (낙동강 물 확보로 인한 경북-경남 간 지역 대립)

• 나라 간의 전쟁 : 물 확보와 물 오염 문제로 인한 나라 간 전쟁 발생 (나일강 상류의 이집트 아스완댐 건설로 주변국가 반발 확산)

이롬이와 난쟁이의 물 탐험 경로를 순서대로 적어 보아요.

숲 속 개울 ~~ (강) ~~ 양극 지방 ~~ (사막) ~~ 태안반도

물을 얻기 위한 인간의 다양한 노력에는 어떤 것들이 있을까요?

댐 건설 : 홍수 및 가뭄을 대비한 구조물

지하수 개발 : 부족한 지표수를 보충하기 위해 지하수를 개발하고 있음.

해수담수화 기술 개발 : 지구 전체 물의 약 97.2% 차지하는 해수 개발

중수도 설비 : 한 번 사용한 수돗물을 생활용수, 공업용수 등으로 재활용

이롬이가 여행에서 겪었던 일을 바탕으로 우리가 일상생활에서 물 절약을
위해 실천할 수 있는 것들에 대해 알아봅시다.

나의 실천

하나 : 좌변기에 벽돌과 같은 무거운 것을 넣어두고 물을 그 만큼 아낀다.

둘 : 양치할 때 물을 틀어놓고 사용하지 않는다.

셋 : 엄마께 쌀뜨물을 버리지 말고 설거지할 때 재사용하자고 말할 거다.

내가 만약 해수담수화 연구원이 된다면 일하고 싶은 지역과 그 이유는?

냉전이 심한 아프리카, 이곳은 먹을 물이 없어 사람들이 오염된 물을 먹고 수인성 전염에 시달리고 있다고 한다. 웅덩이에 오염되고 말라버린 물에서 담수화 기술을 이용하여 근처 바닷가에서 상쾌하고 안전한 물을 먹을 수 있도록 도와주고 싶다.

수돗물이 새는 현상인 누수현상으로 인해 한 해 동안 엄청나게 많은 양의 수돗물이 지하로 흘러들어간다고 합니다. 우리나라 누수현상의 실태를 신문이나 방송들의 자료를 조사하여 알아봅시다.

최근 5년 동안 3조 4,000억 원 어치의 수돗물이 수도꼭지에 도착하기 전 땅속으로 흘러들어갔다고 한다. 상수도관의 터진 틈을 타고 수돗물이 누수되는 바람에 한해 7,000억 원이 낭비되는 셈이다. 주로 노후 상수도관에서 누수현상이 발생하고 있다. 연간 7,000만톤에 달하는 수돗물이 수돗가에 도착하기도 전에 사라진다니 여간 아까운 게 아니다. 수돗물 누수율을 획기적으로 줄여야 한다. 상수도관 노후로 인한 손실액은 2012년 6,530억 원, 2013년 7,238억 원, 2014년 7,879억 원 등으로 해마다 증가 추세다. 지난 5년간 시도별 손실액은 대전시 376억 원, 충남도 2,280억 원, 충북도 1,120억 원 등이다. 누수율은 광역자

진로독서 토론 활동

댐은 각종 용수를 확보하고 홍수 및 가뭄 피해 예방 등을 위해 많이 건설되고 있지만, 주변 지역 생태계에 환경오염을 야기 시킨다는 비판도 받고 있다.

토론 주제 : 수자원의 효율적인 활용을 위해 댐 건설은 필요한 것이다.

찬성

우리나라가 물 부족 국가인데, 사람들의 물 사용양은 물 풍요 국가보다 많다고 합니다. 우리나라 사람들이 물을 많이 사용하는 이유는 무엇일까요? 자신의 주변에서 일어나고 있는 다양한 상황들을 근거로 그 이유에 대해 알아보아요.

우리나라는 1년을 놓고 볼 때 고르게 비가 내리기는 않는다. 여름철 한때 집중적으로 내리고 다른 계절에는 도리어 가뭄 때문에 고생하는 경우가 많다. 좁은 땅에 비해 인구가 많아 한 사람이 사용할 수 있는 물의 양은 그다지 많지 않지만, 물 풍요 국가 사람들 보다 더 많은 물을 쓰고 있다. 육식 위주의 식사와 목욕 및 샤워 시설에서의 무분별한 사용, 수도꼭지를 틀면서 양치하는 등 물 절약정신이 부족하다고 생각한다.

도서	재미있는 지구촌 물 이야기	도서정보	신현석 / 기린원 / 2010년
교육과정 핵심역량	추론, 창의 · 융합, 자료 · 정보 활용 역량	직업군	해수담수화 연구원

『재미있는 지구촌 물 이야기』는 물의 원리에서부터 물과 자연, 물과 생활, 물과 환경, 기후 변화와 물 그리고 물 분쟁까지 다양하고 폭넓게 물에 대한 정보를 다루고 있는 책이다. 물의 성질과 중요성을 과학적인 설명에서부터 역사, 문화, 인간에게 미치는 영향까지 다각도로 살펴보고 있다. 물이 어떻게 순환되고 만들어지는지 자연 속 원리와 도시에서 물의 공급은 어떤 식으로 이루어지고 있는지 분석한다. 또한 기후 변화로 인한 물 부족 현상과 환경오염을 살펴보고 친환경 물 에너지 활용 등 우리 물과 강을 살리는 활동에 대해서도 들려준다.

가. 추론, 창의 · 융합

책 내용 중에 "지구상에 물만큼 부드럽고 유연한 물질은 없다. 하지만 물은 단단하고 강한 물질을 파괴할 힘을 가지고 있다."라고 한 노자의 말뜻은 무엇일까요?

물은 우리에게 많은 유익함을 주기도 하지만 홍수, 가뭄, 쓰나미와 같은 재해로인해 많은 인명 및 재산 피해를 주기 때문이다.

우리가 물을 '수자원'이라 부르는 이유는 무엇입니까?

호수와 강의 물은 양이 아주 적지만, 먹는 식수, 공장에서 필요로 하는 물, 농사지을 때 필요한 물 그리고 수력이나 원자력발전소에서 필요로 하는 아주 중요한자원이다. 그래서 물을 철이나 석유 같은 지하자원처럼 희소 가치와 경제가치가 있는 자원이기 때문에 수자원이라 부른다.

📢 상수도와 하수도의 역사에 대해 알아보아요.

- 고대 로마 : 지금으로부터 2,300년 전 로마의 상수도는 578m의 수로를 만들어 산속의 물을 도시로 끌어들여 목욕탕, 공공건물 그리고 분수 등에 사용했다. 또한 로마인들은 깨끗한 물을 끌어오는 물길과 사용한 물을 버리는 물길을 구분해서 섞이지 않게 하는 하수도의 개념도 잘 알고 있었다.

- 우리나라 : 1,000여 년 전 통일신라시대 경주 안압지에서 흙으로 제작된 상수도관과 하수도관이 발견되었다. 그러나 이 기술은 다음 세대까지 이어지지 못하고 조선 후기까지 상하수도의 흔적을 찾아볼 수 없다.

- 카레즈 : 중국 건조지대 투르판의 지하수로이며, 11세기에 만들어졌다고도 한다. 이 지하수로는 천산산맥의 만년설을 물로 이용하기 위해 총 길이가 5,000km나 된다고 한다.

📢 지구상에 물이 부족하게 된 다양한 원인에 대해 조사해 봅시다.

1. 인구 증가 : 한정된 담수를 사용할 인구가 계속 증가하고 있음.

2. 물 오염 : 산업화·도시화로 인해 물을 비롯한 자연 환경 파괴

3. 산업화와 도시화 : 재화를 생산하는 데 필요한 막대한 용수

4. 기후 변화 : 이상기온으로 홍수, 가뭄 등의 빈번한 발생

물의 오염도를 측정하는 기준과 단위에 대해 알아봅시다.

• 생물학적 측정법 : 용존 산소량(DO)은 물속에 녹아 있는 산소의 양을 측정하는 방법이다. 특히 물속은 산소가 적을수록 유기물이 많은데, 유기물을 분해하기 위해 미생물이 물속 산소를 쓰게 되므로 미생물이 산소를 다 써버리면 생물이 살 수 없다. 생물이 없으면 물이 썩기 때문에 용존 산소량을 측정해서 물 오염의 지표로 사용한다. 생물화학적 산소 요구량(BOD)으로 물의 오염 정도를 측정할 수도 있다.

• 화학적 측정법 : 화학적 산소 요구량은(COD) 물속의 오염물질이 중크롬산칼륨이나 과망간산칼륨과 같은 산화제에 의해 산화될 때 소비되는 산소의 양을 말한다. 물속에 오염물질이 많을수록 화학적 산소 요구량 수치도 높아진다.

• PPM : 생물화학적 산소 요구량(BOD)을 나타내는 단위

3단계별 이야기식 진로독서활동

가. 배경지식으로 찾아보기

세계 물의 날에 대해 조사해 봅시다.

물의 소중함을 알리기 위해 제정한 날이며, 유엔은 3월 22일을 '세계 물의 날'로 제정하고 1993년부터 이와 관련된 각종 행사를 진행하고 있다. 세계 인구의 약 20%가 깨끗한 물을 먹지 못하며, 물 부족이 심각함에도 불구하고 버려지는 물은 약 30~40%에 달한다고 한다. 세계적으로 물 부족 문제가 심각해지는 주요 원인은 도시화와 인구집중, 이상기후로 인한 가뭄이다. 유엔은 물 부족과 수질오염을 해소하기 위해 1965년부터 지속적인 노력을 기울였으나 이 문제는 아직도 해결되지 않고 있다. 다가올 미래의 환경과 다음 세대를 위해 물의 소중함은 꼭 인식해야 한다.

우리가 마시는 생수와 지하 심층수 난개발로 인해 일어날 수 있는 문제점들에 대해 조사해 봅시다.

계획 없이 무분별하게 개발하면 지하수가 고갈되고, 지하수가 있던 자리가 비면서 표면이 약해지고 땅이 무너지는 사태가 발생하게 된다. 또한 지하수 개발 통로를 통해 오염물질이 스며들어 수질이 오염되기도 한다.

우리나라에서 물 관리가 힘든 이유가 무엇인지 책 속에서 찾아보아요.

일 년 강우의 약 60%가 6월에서 9월에 집중적으로 내리고 가을에서 봄까지는 비가 적게 내려 계절마다 강우량의 차이가 크고, 지역마다 차이도 심함. (서울 연평균 1,400mm, 최다 2,355mm, 최소760mm)

책 속에서 도시의 물 순환 과정을 그림으로 그려보아요.

도시의 물 순환은 크게 상수 흐름, 우수(비) 흐름, 하수 흐름으로 나누어 생각해 볼 수 있다.

해수를 담수로 바꾸는 기술에 대해 설명해 보아요.

- 증발법 : 담수화 기술 가운데 가장 오래되었고 가장 많이 사용되고 있다. 증발법은 해수를 증발시켜서 염분과 수증기를 분리하고 수증기를 응결시켜 담수를 얻는 방법이다. 하지만 다른 방법에 비해 해수를 증발시키며 쓰는 에너지가 많다는 단점이 있다.

- 역삼투법 : 반투막을 사용해서 담수를 얻는 방법이다. 반투막이란 물은 통과하고, 물속에 녹아 있는 염분 같은 용해물질은 통과하지 못하는 막이다. 이 방법은 증발법에 비해 에너지 소비량이 적어 세계 전 지역에서 고르게 이용된다.

- 전기투석막법 : 음이온과 양이온을 이용하여 교환막에 투과시켜 담수를 만드는 방법이다. 역삼투법과는 막을 이용한다는 공통점이 있지만 수중의 물질, 염분 등이 막을 투과해 나간다는 점이 다르다.

다양한 기술로 만든 담수를 마시기 위해서는 소량의 미네랄 성분을 넣어야 한다. 이유는 담수화 과정으로 만든 담수는 미네랄 성분이 없기 때문에 그대로 마시게 될 경우, 설사나 탈수 증세를 일으킬 수 있기 때문이다.

환경단체에서 제시하고 있는 나쁜 물의 조건은 무엇입니까?

- 병원생물에 오염되었거나 오염된 생물이나 물질을 함유한 물
- 시안이나 수은 등 유독물질을 함유한 물
- 동, 철, 비소, 페놀 기타 물질을 허용량 이상 포함한 물
- 과도한 산성이나 알카리성 물
- 소독 냄새와 맛 외에 다른 맛과 냄새가 나는 물
- 무색의 투명하지 않은 물

진로독서 토론 활동

해수담수화 시설은 물 부족 및 기근 국가의 국민들에게 큰 도움이 되고 있다. 하지만 일부 환경단체에서는 해수담수화 시설로 인해 바닷물 오염, 다량의 연료 소모 등의 자연 파괴 현상이 일어나고 있다고 주장하기도 한다.

토론 주제 : 미래 물 부족 문제를 해결하기 위해 해수담수화 시설은 반
드시 필요하다.

물을 '생명의 근원'이라고 말하는 이유를 우리 몸속에 물의 분포와 연결 지어 설명해 봅시다.

우리가 마시는 물은 입, 위, 장, 간장과 심장, 혈관, 세포, 신장 배설의 과정을 거치면서 영양분을 공급하고, 더러운 노폐물을 몸 밖으로 배내기도 하는 등 우리 몸의 신진대사에 중요한 역할을 한다. 폐 90%, 혈액 82%, 피부 82%, 근육 75%, 뇌세포 70%, 뼈 22%가 물로 구성되어 있음.

다음 신문기사 내용을 읽고 물음에 답하시오.

해수담수화 물, 괜찮은 물인데 왜 문제가 됐나?

– 부산 해수담수화시설 애물단지로 남나 –

바닷물로 수돗물을 만든다? 사막이나 중동 얘기가 아니다. 부산 기장군에 국내 처음으로 해수담수화 시설이 준공됐다. 그런데 문제가 생겼다. 2,000억을 투자하여 세계 최대, 하루 4만 5천 톤 규모의 담수화 물이 곧 공급될 채비에 있는데 소비자와의 엇박자로 실현 가능성이 어렵게 됐다. 공감대 부재, 원자력발전소와 인접한(약11km) 채수구가 그 문제의 발단이다. 언뜻 체감은 못하지만 우리도 물 부족 국가라 한다. 그 정도가 덜해 그런지 국민의 인식에는 그런 느낌이 별로 없다. 낙동강 물이 넘쳐나는데 왜 꼭 원전 근처의 바닷물을 채수하여 그렇게 해야 하는가가 일반인의 생각이다. 생산단가도 수돗물보다 비싼데다 일본 원전사고의 여파가 국민의 불안감을 더욱 고조시킨 상황이라 더더욱 그렇다.

해수의 담수화에는 주로 두 가지 방법을 쓴다. 증류법과 역삼투법이다. 증류법은 물을 끓여 나오는 수증기를 응축시켜 만든다. 물에 녹아 있는 모든 성분이 배제된 순수에 가까운 물이 얻어진다. 맛이 밍밍하여 몇 종류의 무기염류(미네랄)를 녹여 성분을 조정하는 작업을 한다. 생산 단가가 비싼 것이 흠이다. 이번 부산 기장군의 역삼투압법은 조금 복잡한 정수방법이다. 시장의 정수기에 적용하는 역삼투압 장치와 원리는 비슷하다. 물만 통과시키고 물에 녹아 있는 모든 가용성 물질을 배제하는 반투막이라는 막으로 여과한다. 해수 속 소금기는 물론 모든 무기염류가 제거된 거의 순수한 물이 얻어진다. 물론 모든 방사선 물질도 배제된다. 이 물도 증류수처럼 맛이 밍밍하여 몇 종류의 미네랄을 첨가,

조정하여 공급한다. 실은 한국의 해수담수화 시공 능력은 세계 최고 수준이다. 기술적인 측면에서 문제가 없는 장치이고 식수로 적합한 물이라는 것은 이미 밝혀진 사실이다. 그럼에도 이 시설이 문제가 되는 이유는 무엇일까? 원전 주위의 바닷물 취수, 방사선 위험에 대한 우려, 소비자와의 공감대 형성의 부재가 걸림돌로 작용한 듯하다.

한편 기장군과 유사한 일본 오키나와에서 정수 후 나오는 농축수가 주위 바다의 백화현상을 초래하고 있다는 점을 들어, 시설 인근의 환경 피해와 양식업에 대한 대책을 마련하라는 요구도 있다. 거르고 남은 농축수(새후의 약 2배)의 높은 소금기가 문제라는 것이다. 당국은 바닷물에 곧 희석되기 때문에 문제가 없다는 주장이지만 그렇지 않다는 주장도 만만찮다.
(후략)

(출처 : 중앙일보 2016. 9. 22.)

1) 부산 시민들이 해수담수화 수돗물에 대해 부정적으로 생각하는 이유는?

> 원전 주위의 바닷물을 취수로 선택한 것과 낙동강 등의 담수가 많은데 해수를 식수로 이용하는 것에 대한 공감대 형성의 부재가 걸림돌로 작용한듯하다.

2) 원자력발전소에 대한 일반 시민들의 생각은 어떠합니까?

> 체르노빌 원전 폭파 사고 및 2011년 일본 동북부 대지진의 여파로 인해, 원전 주변 지역의 방사능 누출 및 오염 등에 대해 불안한 생각이 압도적인 것 같다.

다음 신문기사 내용을 읽고 물음에 답하시오.

베트남 낙도에 담수설비 기증.... 오백년 숙원 해소
중동부 지역 안빈섬에 하루 200톤 규모 해수담수화 설비 준공
정착 이래 계속돼 온 식수 문제 해결한 주민들, "31일은 안빈섬 기념일"

두산중공업이 베트남의 한 낙도에 해수담수화 설비를 제작 · 설치해 이 섬 주민들의 오백년 숙원을 풀어주었다. 두산중공업 베트남 현지법인인 두산비나는 8월 31일, 베트남 꽝응아이성 리선현 안빈섬에서 쯔엉 화 빙 최고인민법원장, 레 중 꽝 산업무역부 차관, 응우웬 반 랑 과학기술부 차관 등 정부관계자와 지역 주민, 그리고 두산비나 류항하 법인장 등 총 300여 명이 참석한 가운데 해수담수화 설비 준공식을 가졌다. 두산비나가 안빈섬에 기증한 해수담수화 설비는 하루 500명이 사용 가능한 총 200톤 규모의 담수를 생산하는 역삼투압 방식 해수담수화 설비 2기와 발전기 2기, 담수저장 설비 등이다. 이번 기증은 베트남 꽝응아이성이 안빈섬의 식수 해결 방안을 고민하던 중 해수담수화 설비 세계 1위 기업인 두산비나에 요청을 하면서 이루어졌다. 두산비나는 현지 기업으로서 사회적 책임을 다하고자 꽝응아이성의 요청을 받아들여 지난 5월 공사를 시작해 3개월여 만에 완공하였다. 안빈섬은 지하수가 전혀 나오지 않아 우기에 받아 놓은 빗물과 외부에서 공급되는 식수에 의존하는 곳으로 일년 내내 물 부족을 겪어 왔다. 이번 해수담수화 설비 준공으로 주민들이 이 섬에 처음 정착한 이후 약 500여 년간 지속돼온 물 문제가 완벽하게 해결되었으며, 부속으로 설치한 발전기 덕분에 부족했던 전기도 충분히 사용할 수 있게 되었다. 이곳에서 3대째 살아온 당 이 엔(남, 64세)은 "안빈섬은 언제난 물이 부족해 나 뿐 아니라, 어머니, 할머니도 물을 원 없이 써보는 게 평생의 소원이었다."며, "소원을 풀어준 두산비나가 너무나도 고맙고 오늘은 안빈섬 기념일이다."고 말했다.

(출처 : 두산비즈 2011. 8. 30)

1) 500여 년 동안 물 부족을 겪은 베트남 안빈섬 주민들의 일상을 함께 상상해 봅시다.

- 음식 문화 : 깨끗한 식수 부족으로 인해 생활의 불편과 수인성 전염병과 같은 질병에 항상 노출되어 있다.
- 세면 활동 : 마실 물조차 부족한 환경에서 제대로 된 세면은 희망사항에 불과하였을 것이다.
- 의복 문화 : 옷을 깨끗이 세탁할 수 있는 관습이 오래전부터 형성되지 않아 늘 쾌적하지 못한 사회 활동을 하였을 것이다.

2) 위 신문 기사 내용을 읽고 '적정기술'에 대한 내용을 책 또는 인터넷 정보원 등을 활용하여 정리해 봅시다.

- 적정기술이란 : 1960년대에 경제학자 프리츠 슈마허가 거대기술이 아니라 환경친화적이고, 중간기술을 제안함으로써 본격적으로 고려되기 시작했고 많은 지지자를 얻었다. 이들은 선진국에서 개발된 첨단 기술이 아프리카나 아시아의 개발도상국 주민들에게는 적합하지 않을 뿐만 아니라 오히려 해를 끼치기도 한다는 사실을 깨닫고, 이들 지역을 진정으로 발전시킬 수 있는 기술을 개발하여 적용하려 했다. 이들 기술은 주민들도 제작하고 작동할 수 있는 기술들로 지역 친화적, 환경 친화적인 것이다.

• 적정기술이 적용된 예 : 2001년 나이지리아에 모하마드 바 아바는 전기가 없는 시골에서 음식을 저장할 수 있는 간단한 냉각 시스템으로 롤렉스기업가상을 받았다. 그의 해법은 증발 냉각 개념을 이용한 항아리속 항아리 냉장고이다. 이 시스템은 큰 항아리 속에 작은 항아리를 넣고, 그 사이를 계속 젖은 모래로 분리하는 것이다. 증발은 안에 있는 항아리의 냉각 효과를 발생시킨다. 가지는 27일 동안이나 신선하게 유지된다고 알려졌으며 이는 그냥 밖에 두었을 때보다 9배나 긴 기간이다. 토마토와 피망은 21일까지 유지된다.

04 미래를 여는 진로 탐색

고도물처리 플랜트 기술자

고도물처리 플랜트 기술자는 고도물처리 플랜트를 설계 제작 · 설치 · 운영함으로써 지구온난화 및 인구증가로 인한 수자원 부족 문제 해결에 기여한다. 고도물처리 연구원에 의해 연구된 고도물처리 방법이 기술적 경제적으로 타당성이 인정되면, 고도물처리 플랜트 기술자는 관련 플랜트나 설비에 대한 설계 · 제작 · 설치 · 운전에 관한 기술적 업무를 수행한다.

해수담수화플랜트를 예로 들면, 해수담수화플랜트를 건설하기 위해 초기 토지측량 및 토목설계 작업에 관여하는 토목공학기술자, 플랜트의 제어장치 등 각종 전기시설의 설치를 감독하는 전기(계장, 제어계측)공학기술자, 플랜트의 소방시설 등 기타 설비를 설치 감독하는 기술자들 등 다수의 기술자들이 참여한다. 여기에 해수담수화플랜트라는 특성에 따라 새롭게 참여하는 전문가가 있는데 바로 해수담수화설비설계기술자이다.

이들은 우선, 해수담수화와 관련된 설비와 부품의 용량, 재질 등을 플랜트의 규모와 용도에 맞게 설계하고 배관방법 등도 결정한다. 주로 기계공학과 환경공학 전공자들이 해수담수화플랜트 설계를 맡는다. 이후 건설과정에서 플랜트 내외 각종 설비 등이 안전하게 제작되고 또 설치될 수 있도록 관리 감독하는 역할을 한다. 운전 후 기술적 문제점을 찾아내어 해결하는 것도 이들의 업무다. 활동 분야로는 해수담수화플랜트 제작 중공업회사, 플랜트 제작 업체 등이 있으며, 요구되는 능력으로는 기계, 전기, 환경, 토목 등 다양한 분야의 전문가들과 협업하기 때문에 커뮤니케이션 능력이 요구된다. 또 중동 등 해외에 고도물처리 플랜트를 수출하거나 현지 건설작업을 하는 경우에는 영어 등 외국어 능력이 요구된다. 대학교 졸업 이상, 기계공학, 화학공학, 환경공학, 토목공학 등의 전공자들이 많이 활동하고 있다.

관련 자격으로는 기계공정설계기술사, 기계안전기술사, 기계제작기술사, 산업계측제어기술사, 산업기계설비기술사, 기계설계기사, 메카트로닉기사, 일반기계기사, 기계정비산업기사, 기계공정설계기술사, 정밀측정산업기사, 공조냉동기계기술사, 소방설비기사(기계분야), 소방설비산업기사(기계분야), 에너지관리(산업)기사 등이 있다. 연관 직업으로는 토목공학기술자, 기계공학기술자, 환경공학기술자 등이 있다.

해양심층수 개발자

시중 상점에서 생수를 고르다가 '해양심층수'라고 쓰여 있으면 미네랄 성분이 풍부한 청정 음용수 정도로 이해하기 쉽다. 그러나 해양심층수는 그리 단순한 물이 아니다. 태양광이 거의 미치지 않는 수심 200m 이하의 바닷물을 가리킨다. 해양심층수 개발자는 오염된 지표수나 지하수로부터 완벽하게 차단된 심층수를 각종 기술을 이용해 마실 수 있는 물로 개발하고, 이를 다양한 분야에 활용하는 역할을 담당하고 있다.

아직까지 우리나라는 해양심층수 개발이 먹는 물에 치중한 초기 단계라 할 수 있다. 해양심층수 산업화가 다양한 일본은 관련 제품만 1,000종이 넘고 시장 규모가 4조 원에 이를 정도로 부가가치가 큰 사업이다. 우리나라보다 늦게 해양심층수 시장에 뛰어든 대만도 400여 종의 제품에 5,000억 원 규모로 성장했다. 우리나라만 각종 규제 때문에 아직 50여 가지 제품에 300억~400억 원 규모에 지나지 않는다.

해양심층수는 육지에서 사용하는 석유만큼이나 귀한 국가 자원이다. '마실 수 있는 물' 정도가 아니라 매우 다양한 분야에 사용할 수 있다. 심층수에서 염분만 제거한 탈염수, 염분농도를 높인 농축수, 유기물과 염분을 완전히 제거한 담수, 염분과 미네랄 성분만 농축시킨 미네랄 염수 등은 화장품, 의약품, 식품, 건강식품, 세정제, 얼음, 농수산 분야에 무한정으로 활용이 가능하다. 이런 점 때문에 해양심층수 분야는 2000년대에 들어 국책사업으로 지정됐고, 미래 한국의 청정자원으로 주목을 받게 된 것이다.

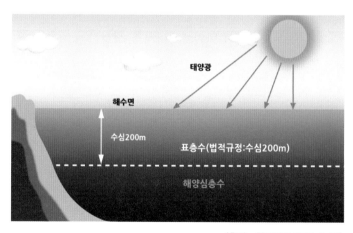

<출처 : 한국일보 2016. 7. 27〉

식용으로 사용했던 해조류의 변신이 시작되고 있다. 해조류를 활용하여 자동차 등의 에너지원으로 사용할 수 있는 기술연구가 진행되고 있는데 이러한 변화에 선도적인 역할을 하는 사람이 해양바이오에너지 연구원이다.

미국이나 브라질 등 외국의 경우 옥수수나 사탕수수로 만든 곡물 바이오에너지가 쓰이고 있으나, 기아에 허덕이는 사람을 생각할 때 식량자원이 옥수수나 사탕수수를 에너지로 사용하는 것이 과연 바람직한가에 대한 비판이 쏟아지고 있다. 이에 대한 대안으로 제시된 것이 홍조류에 속하는 우뭇가사리이다. 우뭇가사리 속에는 탄수화물이 70% 이상 섞여 있어 가장 적합하다는 것이다. 이처럼 해양자원인 우뭇가사리, 구멍파갈래 등 해조류를 포함한 해양생명을 정제, 발효하여 바이오에탄올 등 바이오에너지를 생산하는 사람들을 해양바이오에너지 연구원이라 한다. 이들은 대량생산에 적합한 해조류 등 해양생물의 품종을 개량하고 해조류에 적합한 발효기술과 에너지로 정제하는 기술을 연구한다.

최근에는 해양자원을 이용하여 바이오에너지를 생성하는 기초 연구 단계를 넘어 상용화 작업이 이루어지고 있다. 또한 스피루리나와 같은 녹조 미세조류를 이용하여 바이오에너지를 생성하는 바이오디젤에 대한 연구도 수행한다. 해양바이오에너지 연구원으로 활동하기 위해서는 석사 이상의 학력이 요구된다. 전공은 우뭇가사리 등 해조류의 대량생산과 관련한 생명공학, 유전공학, 생물학, 화학공학 등의 관련 전공이 필요하고 해조류를 포집, 분쇄, 분리, 발효, 정제하는 관련 지식이 요구된다.

　물 부족과 더불어 더욱 문제가 되는 것은 물이 더 이상 깨끗하지 않다는 점이다. 급격한 도시화와 산업화, 기존 처리시설의 노후화, 신흥 개발국의 하수처리 미비 등으로 수질오염 문제가 심각하다. 이제 물은 누구나 취할 수 있는 흔한 물질이 아닌, 희소가치가 있는 하나의 상품이 된 것이다.

　우리 정부도 이러한 흐름에 발맞추어 해수담수화 분야에 많은 투자를 하고 있다. 한국조선해양플랜트협회 및 포스텍 등은 산업통상자원부 등 정부의 지원을 받아 해외 엔지니어링 기관과 연계한 기본설계 교육과정을 운영하고 있으며, 한국조선해양플랜트협회는 2012년부터 고용노동부 지원 사업인 국가인적자원개발컨소시엄사업을 통해 연간 1,000여 명 규모로 전문가를 육성하고 있다.

- 한국상하수도협회 물 산업 프로젝트 매니저 양성과정(http://www.kwwa.or.kr/)
- 수처리선진화사업단(http://www.i2watertech.or.kr)
- 광주과학기술원 해수담수화플랜트사업단(http://www.seahero.org)
- 한국해양연구원(http://www.kordi.re.kr)
- 한국신재생에너지협회(http://knrea.or.kr)

7장

장

헬리캠 디렉터

헬리캠 디렉터는
소형카메라가 장착된 무인조종비행체를 조종해
동영상을 촬영하는 전 과정을 기획하고 실행하며,
실시간 항공 영상을 촬영하는 전문가이다.

01 재미있는 직업 이야기

 직업 노크하기

요동벌판이 도대체 얼마나 광활하단 말인가?

〈출처 : '한국의 고전을 읽는다' 네이버 지식백과〉

말을 세우고 사방을 둘러보다가 나도 모르게 손을 들어 이마에 얹고,

"한바탕 통곡하기 좋은 곳이로구나." 했더니 정 진사가,

"천지간에 이렇게 시야가 툭 터진 곳을 만나서는 별안간 통곡할 것을 생각하시니, 무슨 까닭입니까?" 하고 묻기에 나는, "그렇긴 하나, 글쎄. 천고의 영웅들이 잘 울고, 미인들이 눈물을 많이 흘렸다고 하나, 기껏 소리 없는 눈물이 두어 줄기 옷깃에 굴러 떨어진 정도에 불과하였지, 그 울음소리가 천지 사이에 울려 퍼지고 가득 차서 마치 악기에서 나오는 소리와 같다는 얘기는 들어 보지 못했네. 사람들은 단지 인간의 칠정 중에서 오로지 슬픔만이 울음을 유발한다고 알고 있지, 칠정이 모두 울음을 자아내는 줄은 모르고 있네. 기쁨이 극에 달하면 울음이 날 만하고, 분노가 극에 치밀면 울음이 날 만하며, 즐거움이 극에 이르면 울음이 날 만하고, 사랑이 극에 달하면 울음이 날 만하며, 미움이 극에 달하면 울음이 날 만하고, 욕심이 극에 달해도 울음이 날 만한 걸세. 막히고 억눌린 마음을 시원하게 풀어 버리는 데에는 소리를 지르는 것보다 더 빠른 방법이 없네."

"지금 여기 울기 좋은 장소가 저토록 넓으니, 나 또한 그대를 좇아 한바탕 울어야 마땅하겠는데, 칠정 가운데 어느 정에 감동받아 울어야 할지 모르겠습니다." 하기에 나는,

"그건 갓난아이에게 물어보시게. 갓난아이가 처음 태어나 칠정 중 어느 정에 감동하여 우는지?"

〈출처 : 열하일기, 박지원, 돌을새김, 2015〉

조선 정조 때 중국에 다녀온 견문기로 유명한 『열하일기』에서 연암이 요동벌판을 보면서 한바탕 울기에 좋은 곳이라고 평가한 내용이다. '호곡장'이란 수필로 잘 알려진 이 내용을 보면서 도대체 요동벌판이 얼마나 광활하기에 조선의 지조 있는 선비가 인간 본연의 감정을 설명하면서까지 통곡

을 하였을까? 다양한 버전의 열하일기를 오랜 기간 동안 읽으면서 빠지지
않고 소개되어 있는 이 장면을 보면서 요동벌판이 어떤 모습인지 궁금하였
고, 누가 드론으로 찍어서 내게 보여주면 좋겠다는 생각도 해 보았다. 그래
야 연암 선생의 깊은 뜻을 조금이나마 이해할 수 있을 것 같기 때문이다.

헬리캠 디렉터란?

　헬리캠 디렉터(Helicam Director : 무인항공촬영감독)는 소형카메라가
장착된 무인조종비행체인 헬리캠을 조종해 동영상을 촬영하는 전 과정을
기획하고 실행한다. 더불어 헬리캠을 이용한 실시간 항공 촬영 영상을 송
수신 모니터 또는 안경 모니터로 지켜보며 원하는 사진이나 동영상 장면
이 나오도록 촬영하는 일을 하는 전문가이다. 또한 무선영상 송수신 시스
템을 통해 고화질 영상촬영은 물론 실시간으로 방송사에 직접 영상을 전
송하는 작업도 함께 수행하기도 한다. 대개는 기체 움직임에 관계없이 원
하는 사물을 계속 촬영하기 위해 비행체를 지상에서 무선으로 조종하는
드론조종사와 2인 1조 팀을 구성하여 촬영 작업을 시작한다.
　항공촬영에 영향을 줄 수 있는 요인을 먼저 파악하고 이에 대비할 계획
을 수립하는 것도 헬리캠 디렉터의 중요한 일이다. 전깃줄, 기상 상황, 각
종 전파 등 항공 촬영에 방해가 되는 요인을 파악하여 미리 대비해야 한
다. 촬영용 드론의 비행시간은 길지 않기 때문에 짧은 시간 동안 최상의
영상을 확보하기 위해서는 디렉터의 머릿속에 앵글이나 구도 등 프레임을
사전에 그린 후에 촬영한다.

전문적인 헬리캠 디렉터가 되기 위해서는 최소 1년 정도 무인항공 조종 기술 관련 교육 및 실무과정을 이수해야 한다. 이후 사진 또는 영화 및 영상 촬영 전문 지식을 쌓아야만 전문가로서 인정받을 수 있다. 지금까지 헬리캠 디렉터에 특성화된 전문가 양성 기관은 따로 없으며, 무인항공 관련 학과 또는 사진·영상 제작 관련학과를 전공 한 후 헬리캠 업체 등에서 경력을 쌓아 활동하는 경우가 대부분이다.

현재 한국예술종합학교 영상원, 한국영화아카데미, 한국콘텐츠진흥원을 비롯하여 여러 대학의 영화 연출 및 촬영학과에서 관련 교육을 받을 수 있다. 그 외에 헬리캠 촬영 업체 및 장비 업체에서 홍보성 교육 활동 프로그램을 개설하여 실시하기도 한다.

최근 국내 영화산업의 급속한 발달로 다양한 장르에서 전문성을 갖춘 헬리캠 영상 제작 업체 수요가 늘어나고 있다. 이에 따라 무인항공촬영감독으로 활동하고자 하는 사람은 물론, 무인항공조종사, 무선송수신카메라 조작기사 등과 같은 특수 분야 전문가들이 늘어날 것으로 전망된다. 헬리캠을 이용한 촬영은 일반 지역에서부터 위험 지역, 전체 풍경뿐 아니라 개별 피사체까지 밀착 촬영을 할 수 있다. 게다가 편리하고 안정적이기 때문에 항공촬영 분야에서 헬리캠 디렉터의 수요는 빠르게 증가하고 있다.

또한 요즘 영화·미디어 산업뿐만 아니라 방재, 군사 정찰, 건설 현장, 재난 지역 등 다양한 분야로 헬리캠 촬영 영역이 확장되고 있으며, 앞으로는 영상 외 재난지역 피해규모 산정 등 데이터를 수집하기 위한 도구로도 활용될 전망이다. 농업은 택배 배송과 함께 드론 최대 산업 분야로 꼽히는 영역이다. 특히 헬리캠을 통해 농경지 관리를 편리하게 함으로써 일손 부족 문제도 해결할 수 있다. GPS 지도 제작 기능과 온도 센서 등을 탑재할 경우 물이 부족한 지역이나 벌레가 많은 지역을 찾아낼 수도 있고, 그렇게 찾아낸 지역에 농약이나 비료를 뿌리기도 한다. 이밖에도 작물을 세세히 모니터링 해 변화를 빠르게 알아차리는 헬리캠 촬영은 다방면으로 유용하게 쓰인다. 석유화학 분야에서는 접근이 어려운 대형공장설비 상황을 근접 파악하고 관리하기 위해 헬리캠 촬영기사 채용을 검토하고 있는 실정이다. 향후 군사 및 미디어 분야 외에도 다양한 분야와의 접목과 융합을 통해 헬리캠 촬영을 필요로 하는 산업이 늘어남에 따라 일자리 창출이 무척 기대된다.

드론교육현장 (출처 : 대구 드론스쿨)

흥미와 적성

평소 모험심이 많고 영상 사진과 관련해 흥미가 있는 사람이라면 이 분야에 적합할 수 있다. 또한 공간지능이 좋으면 예술 분야 직업에 잘 어울릴 수 있다. 장비를 조작하고 활용할 수 있는 숙련된 기술과 영상에 대한 감각이 무엇보다 필요하고, 여러 제작진과 호흡을 맞춰야 하는 직업이므로 원활한 대인관계 능력도 함께 요구된다.

영화 제작 과정에 대한 큰 관심과 애정은 무인항공촬영감독이 되려면 기본적으로 갖추고 있어야 한다. 또한 무인항공기와 카메라 조작 등 전자기계 장치에 대한 실용 지식과 도전 의식, 창의적 아이디어를 갖추고 있으면 더욱 적성에 맞을 것이다. 최근 들어 드론의 자동비행 성능이 향상되고 저가 장비가 출시됨에 따라 드론을 취미생활로 즐기는 동호인들도 많이 늘어났다. 그만큼 진입장벽이 많이 낮아졌다고 볼 수 있다.

하지만 전문적인 교육을 받지 않아 부주의에 의한 추락사고, 충돌사고 및 인명피해도 번번이 발생하고 있다. 그렇기 때문에 헬리캠 촬영을 위해서는 올바른 안전의식이 우선 정립되어 있어야 한다. 안전사고를 예방하기 위해서는 능숙한 무인기 조작 능력과 순간 판단력이 요구된다.

항공청 등록 기준으로 현재 약 500~700명의 헬리캠 촬영기사들이 활동하고 있다. 대부분 헬리캠 촬영 대행업체 혹은 프리랜서의 형태로 근무하는데, 촬영 요청 시 외주 프로젝트 형태로 참여하기도 한다. 최근 헬리캠의 인기와 더불어 촬영기사의 수요가 늘어나는 추세라 전문성에 대한 경쟁이 심화되고 있는 실정이다. 경력자의 월 평균 보수는 400~500만 원 수준이지만, 업무량이나 촬영품질, 개인기량 등에 따라 다르며 고가의 기체와 카메라 파손에 따른 리스크 비용 등도 보수에 포함되어 있다.

미국의 무인항공촬영감독은 미국영화촬영감독협회 등에 소속되어 활동하며, 촬영 외에도 촬영에 필요한 장비와 요소 등을 점검하고 관련 제작진과 작업 과정을 조율하고 있다. 최근 국내에도 다양한 장르에서 전문성을 갖춘 헬리캠 영상제작업체의 설립이 요구되는 추세이므로, 무인항공촬영감독뿐만 아니라 무인항공조종사, 무선송수신카메라조작기사 등과 같이 특수 분야의 전문가 수요는 더욱 늘어날 전망이다. 이 분야는 취업 및 사업 기회가 많은 편이다. 비행 및 촬영 기술을 동시에 보유하고 있는 전문가는 국내에 많지 않은 편이므로 개인 실력이 뒷받침 돼서 전문성을 인정받고, 그 결과물로 높은 신뢰를 쌓아 간다면 프리랜서로 충분히 활동할 수 있다. 고품질의 항공영상 촬영으로 수준을 높여나가는 등 보다 전문적인 영역으로 확장되고 있다.

주요 업무로는 무인항공 영상 송수신 장치와 지상모니터를 통한 영상촬영 및 녹화가 있다. 그 외에도 장면 연출을 위한 구성과 상세부분의 기획을 스탭들과 토의한다. 나아가 카메라, 조명, 디자인, 사운드 등 무인항공

촬영에 필요한 장비와 요소 등을 점검하고 관련 스탭들과 작업과정을 조율하기도 한다. 무인항공촬영감독의 경우 기존의 영화촬영 관련 학위과정을 이수한 것은 물론 헬리캠을 활용할 수 있는 조종사 자격증 취득과 실무경험을 갖춰야 한다. 헬리캠을 활용한 영상촬영의 경우 보통 무인항공조종사와 카메라 촬영기사오퍼레이터 등 2인 1조로 이뤄지며, 이때 무인항공조종사는 무인기컨트롤러자격증을 반드시 소지하고 있어야 한다. 미 연방항공청은 무인항공기에 대한 사용을 엄격히 제한해 왔으나, 현재 영화제작자들의 요구에 따라 55파운드 이하의 무인기에 대한 사용규제 완화를 추진하고 있다.

03 진로독서 함께해요

첫 번째 독서 활동

도서	알고 싶어 드론	도서정보	이도원 글 / 상상력놀이터 / 2016년
교육과정 핵심역량	지식정보 처리 역량, 과학적 문제 해결력	직업군	헬리캠 디렉터

『알고 싶어 드론』은 앞으로 미래의 우리 삶 속에 더욱 깊숙이 침투할 새로운 과학 기술인 드론에 대한 많은 이야기가 쉽고 재미있게 담겨져 있다. 앞으로 어떤 모습으로 어떻게 사용될지 모르는 만큼 드론과 관련된 어떤 새로운 직업이 생길지 예측할 수 없다. 이 책은 드론에 대한 기초 이론과 상식, 드론 비행 기술을 비롯하여 드론을 통해 새롭게 생겨나는 직업에 대해 안내하고 있다. 미래를 이끌어 갈 우리 아이들의 직업과 내일의 산업 동향에 대해 폭넓은 시각으로 생각해 볼 수 있는 기회가 될 것이다.

교육과정 연계 독서 활동

가. 지식정보 처리 역량

하늘을 나는 새와 드론의 공통점과 차이점에 대해 조사해 보아요.

- 공통점 : 하늘을 날아다닐 수 있어요.
- 차이점 : 새는 생물이며, 자신의 날갯짓으로 날지만, 드론은 로봇으로 동력과 사람의 의해 조종되거나 움직이는 동선이 미리 좌표에 입력되어 있지요.

인간은 예로부터 하늘을 날고 싶어 하였습니다. 세계에서 최초로 비행에 성공한 사람은 누구일까요?

1903년 미국의 라이트 형제가 육상비행을 한 것이 동력 비행의 시초가 되었다.

드론은 다양한 힘의 원리가 적용된 복합적인 기술이 요구됩니다. 드론이 움직이는 힘의 원리에 대해 알아보아요.

양력 : 공기가 밀어 올리는 힘

중력 : 지구가 물체를 끌어당기는 힘

추력 : 공기 중으로 밀어내는 힘

항력 : 공기가 밀리지 않으려는 힘

외력 : 외부의 힘(바람, 비, 눈)

드론을 움직이는 방식(조종)에 어떤 것들이 있는지 알아보아요.

주파수 방식 : 드론과 조종기가 짝꿍을 이뤄 해당 채널의 주파수를 맞추는 방식

좌표 입력 방식 : 드론이 움직이는 동선을 좌표로 미리 입력하는 방식

3단계별 이야기식 진로독서활동

드론을 실제로 보거나 조종해 보았나요? 그때의 느낌을 솔직하게 표현해 봅시다.

지난 봄, 집 근처 대형마트에서 드론 체험 행사가 있었다. 순서를 기다리면서 다른 사람들이 드론 조종하는 것을 보았는데, 옆 그물에 많이들 부딪쳤다. 내가 직접해보니, 처음엔 무선조종기 사용이 서툴러서 당황했지만 안정되고 난 뒤 드론이 제자리 비행을 할 때 무척 신기하였다. 무선 장난감 자동차를 조종할 때와는 또 다른 매력이 있었다.

'드론(Drone)'이란 말은 어디서 나온 것일까요? 그 유래에 대해 조사해 봅시다.

수벌이 날 때 '웅웅'거리는 소리에서 드론이란 말이 유래되었다.

📢 드론을 이용한 촬영은 주로 어떤 경우에 사용되는지 조사해 봅시다.

사람의 손길이 닿지 않는 곳, 사람의 이동과 촬영하기에 위험한 절벽, 높은 곳 등의 영상 촬영, 또는 차를 뒤따라가는 박진감 넘치는 장면을 연출할 때

📢 드론 사용에서 가장 중요한 것은 안전의 문제입니다. 드론 비행이 금지된 장소에 대해 조사해 봅시다.

비행장 주변, 비행 금지구역(국방, 보안상 이유), 지상에서 150m 이상의 고도, 인구 밀집 지역(스포츠 경기장, 축제 장소 등)

📢 드론을 비롯한 무인비행장치 조종 중 충돌 등의 사고가 났을 때, 어떤 조치를 취해야 하는지 알아봅시다.

사고 발생 시, 조종자는 관할 지방항공청에 반드시 보고해야 한다.

드론을 이용하는 사람들이 많아지면서 드론 관련 새로운 직업들도 생겨났습니다. 책 속 내용을 읽고 다음 직업에 대해 조사해 봅시다.

- 드론 보험 사고 조사관 : 드론과 관련된 보험 상품이 증가함에 따라 충돌 및 추락 사고를 처리하는 보험 사고 조사관
- 드론 레이서 : 드론 레이싱 경기가 활성화됨에 따라 드론을 능숙하게 조종하는 전문 선수
- 드론 조종사 : 촬영, 구조 등 다양한 분야에서 드론이 활용됨에 따라 드론을 전문적으로 조종하는 조종사
- 드론 수리 전문가 : 드론 사용 인구가 늘어남에 따라 드론 파손 시, 이를 전문적으로 수리해 주는 전문가

진로독서 토론 활동

인공지능과 같은 신기술의 거대한 물결이 몰려오고 있다. 미래 사회는 이러한 신기술의 발달로 인해 로봇이 인간의 많은 직업을 대신하게 된다고 한다.

토론 주제 : 인간의 일자리를 넘보고 있는 로봇으로부터 직업을 지키기 위해 인공지능 기술 개발은 멈춰야 한다.

찬성

반대

진로독서 논술

📢 드론은 종류만큼 용도 또한 다양합니다. 다양한 드론의 용도와 함께 자신이 드론 전문가가 되었을 때 연구해 보고 싶은 분야는 무엇인지 나타내봅시다.

- 군사용 : 적의 레이더 교란 및 적 동정을 살피는 용도
- 배달용 : 산간 오지 및 사람의 발길이 미치지 못하는 곳으로 배달
- 구급용 : 위급을 다투는 응급상황에서 의료진보다 먼저 도착하여 기본적인 응급 구조 및 약품 전달
- 농업용 : 사람을 대신하여 농약을 뿌림
- 촬영용 : 위험한 곳의 촬영 및 전체 화면이 필요한 곳에서 입체감 있는 촬영

저는 농촌 현대화를 위해 애쓰시는 우리 삼촌 대신 농약을 뿌리는 드론 기술을 연구해 보고 싶다. 또한 삼촌이 애 써 농사지은 복숭아와 자두를 먹어치우는 유해 조류를 쫓아내기 위해 드론에 사이렌을 부착하는 기술에게 관심이 있다.

도서	소년, 지구별을 보다	도서정보	얀 아르튀스 베르트랑 외/ 문학동네 / 2010년
교육과정 핵심역량	비판적 · 창의적 사고 역량, 도덕적 공동체 의식	직업군	헬리캠 디렉터

『소년, 지구별을 보다』는 항공사진과 환경 키워드로 지구의 현재와 미래를 안내해 주는 책이다. 땅을 딛고서 바라보면 미처 몰랐던 지구의 아름다운 얼굴과 환경오염으로 고통 받고 있는 지구의 얼굴을 항공사진으로 생생하게 보여준다. 전 세계 항공사진 전문가 90명이 소속된 알티뒤드 에이전시에 소속된 얀 아르튀스 베르트랑이 지구의 이 두 가지 표정을 항공사진으로 생생하게 보여주고, 아이들의 눈높이에 맞춘 이야기를 더했다. 책에서 소개하고 있는 모든 생명이 함께 살아가기 위해 기억해야 할 환경 키워드를 통해 과학기술 발전과 인간생활의 부조화에 대해 깊이 있게 생각해 볼 수 있을 것이다.

가. 비판적·창의적 사고 역량

다음 사진은 우리나라 면적의 10배가 넘는 북태평양에 있는 플라스틱 아일랜드라는 곳입니다. 인간이 힘을 너무 함부로 사용하여 더럽혀지고 파괴된 곳이지요. 여러분이 만약 헬리캠 디렉터가 되었을 때, 무인항공기로 촬영할 수 있는 자연파괴 현장으로는 어떤 곳이 있을지 조사해 봅시다.

실제 플라스틱 아일랜드의 모습

〈출처 : 한국 기후 환경 네트워크〉

예) 청정해역인 우리나라 서해안을 오염시키는 중국 공장들의 무단 폐수 방류 현장과 무자비한 중국 어선들의 포획 현상을 드론을 이용해 포착하고 싶다.

신혼여행지로 손꼽히는 몰디브는 천혜의 자연 환경으로 그동안 많은 관광객들이 다녀온 아름다운 곳입니다. 하지만 지구온난화가 심화되면서 항공 촬영으로 보면 이곳도 서서히 물에 잠기고 있으며, 수 년 후에는 완전히 지구상에서 사라진다는 보도를 보았습니다. 지구온난화로 몰디브처럼 해수면 상승으로 사라지고 있는 여러 섬들에 대해 조사해 봅시다.

벨리즈 산호초 보호 지역, 인도양 세이셸, 이탈리아 베네치아, 솔로몬 제국

나. 도덕적 공동체 의식

우리나라 수도인 서울의 인구가 천만 명을 넘은 지 오래되었습니다. 이러한 거대 도시를 '메가폴리스'라고 말합니다. 사람들이 붐비게 되면 공기도 그 만큼 오염되지요. 서울에서 가장 붐비는 곳의 일상을 드론을 이용하여 촬영해 보아요.

가장 붐비는 곳 : 명동

가장 얽혀있는 도로 : 외부순환도로

가장 공기가 탁한 곳 : 구로공단

지구의 모든 자연과 환경은 우리가 아끼고 보호해야 할 유산이며, 장차 우리의 후손들에게도 고스란히 물려주어야 합니다. 이 중 지구의 역사를 잘 나타내 주는 곳, 희귀한 동물이나 식물이 보존된 곳, 풍경이 너무나 아름다운 곳 등을 특별히 세계 자연 유산으로 지정하여 보호하고 있습니다. 세계 자연 유산 중 여러분들이 직접 가서 사진으로 남기고 싶은 곳은 어디이며, 그 이유는 무엇인지 알아봅시다.

대한민국 제주도, 제주도의 수많은 관광지 중 백록담의 사계절 생태를 드론을 통해 자세히 촬영해 보고 싶다.

3단계별 이야기식 진로독서활동

가. 배경지식으로 찾아보기

사람들이 환경을 생각하지 않은 채, 단지 더 크고 더 비싸고 더 많은 걸 얻기 위해 지구를 개발해간다면 우리 지구는 어떻게 될까요? 생각만 해도 끔찍합니다. 여러분들이 헬리캠 디렉터가 되어 우리 지역 환경을 파괴하는 곳을 촬영하여 환경단체에 신고하려고 합니다. 촬영에 필요한 장비들의 목록을 작성해 봅시다.

드론, 조종기, 드론 부착 촬영용 고속 카메라, 노트북 등 드론을 활용하여 촬영한 대표적인 한국영화 및 스포츠 중계에는 어떤 것들이 있을까요?

하정우 주연의 『터널』

〈출처 : 영화 〈터널〉 홈페이지〉

국가대표팀 축구 대항전

〈출처 : 노컷뉴스 2016. 9. 12〉

📢 헬리캠 디렉터는 문화예술 부문에서도 종사할 수 있지만, 인간이 그 동안 돌보지 못했던 자연환경에 대해서도 많은 사람들에게 알려야할 의무와 책임이 있습니다. 여러분들이 지금 북극을 촬영한다면 북극의 어떤 문제를 촬영하여 사람들에게 알리겠습니까?

지구 온난화로 인해 빙하가 녹아서 이동이 제한된 북극곰들이 굶주려 있는 모습, 보호 어종 포획 장면(고래 등)

📢 우주 공간을 개발하고 인공지능으로 로봇이 사람을 대신하는 요즘도 부의 불균형으로 인해 하루에 3만 5천 명 정도의 아이들이 영양실조와 굶주림으로 죽어가고 있다고 합니다. 함께 살아간다는 공동체 의식이 부족해서 생겨나는 일들입니다. 배달용 드론을 이용해서 도움을 주려고 할 때, 지구상에 굶주림을 겪고 있는 지역을 먼저 조사해 봅시다.

아프리카, 동남아시아 지역, 남아메리카 일부

📢 영화 세트장에서 촬영 파트가 하는 일에는 어떤 것들이 있을까요?

촬영 감독은 카메라 작동뿐 아니라 카메라 앞에 서는 모든 사람과 사물에 조명을 비추는 세심한 기술을 책임진다. 조명이 얼마나 중요한지, 시간과 힘이 얼마나 들어가는지 모르는 사람이 많다. 조명 감독은 실제로 조명 장치를 다룬다. 조명을 비출 때마다 전기가 많이 드는데, 조명 감독은 그런 문제도 처리한다. 촬영 기사는 실제로 촬영 장면마다 프레임을 잡아 카메라를 움직이는 일을 한다. 프레임과 화면의 구성도 책임진다. 또한 촬영 파트에서 없어서는 안 될 사람이 바로 카메라 장비 담당이다.

📢 우리나라는 분단된 지 70년이 넘은 세계 유일의 분단국가입니다. 그러나 남북한 완충지대 역할을 할 수 있는 비무장지대(DMZ)가 휴전선을 중심으로 남북으로 설치되어 있습니다. 우리나라 학자뿐 아니라 전세계 학자들이 수십년 동안 인간의 손길이 닿지 않았던 이곳의 생태학적 연구에 관심이 많습니다. 여러분들이 드론을 가지고 비무장지대를 간다면 어떤 것들을 촬영하고 싶은지 말해봅시다.

'철마는 달리고 싶다'에서 끊긴 철길, 세계 희귀 동물 사진, 혹시 있을지 모를 우리나라 호랑이의 흔적

인간들의 자연 파괴로 인해 지금 지구는 홍수, 태풍, 해일, 가뭄 등의 이상기온으로 고통 받고 있습니다. 인간뿐 아니라 아무런 책임 없는 동물들도 함께 고통받고 있지요. 마을에 홍수가 덮쳐 급류에 떠내려가는 동물을 위해 우리가 할 수 있는 일에는 어떤 것들이 있을까요.

급류가 흐르는 전체 흐름을 드론을 띄워 119에 알리고, 급류에 떠내려가는 동물에게 드론을 이용해 구조용 튜브를 던져 준다. 그리고 계속 상황을 드론으로 감시한다.

진로독서 토론 활동

드론의 인기가 하늘을 치솟고 있다. 군사용에서부터 응급구호용과 배달용 드론까지 그 쓰임새와 활약이 눈부시다. 그러나 높은 인기만큼이나 무분별하게 사용하는 드론 비행은 많은 부작용을 초래하고 있다.

토론 주제 : 각종 사고 위험에 노출되어 있는 드론은 사용을 제한해야 한다.

진로독서 논술

　시리아를 비롯하여 내전으로 고통 받는 사람들은 난민이 되어 안타깝게 지중해를 건너오고 있습니다. 더욱 불행한 것은 그들이 지중해를 건널 때 보트가 전복되어 많은 사람들이 목숨을 잃는 경우도 발생하고 있습니다. 이런 상황에서 드론의 효율적인 활용 방안들을 제시해 봅시다.

출처 : 키즈현대

"드론 띄워 영화찍고 싶어요" 할리우드의 소망 이뤄질까

미국에서 상업적 목적으로 무인항공기(드론)를 사용하는 것은 엄격하게 금지돼 있다. 딱 한 가지 예외로 인정된 경우는 한 정유회사가 유전 지역 탐사를 위해 알래스카 해안 지역을 한 차례 시험 비행한 것뿐이다. 이제 할리우드가 두 번째 예외가 되기 위해 분주히 움직이고 있다고 4일(현지시간) CNN이 보도했다.

미국영화협회(MPAA)와 항공사진 및 비디오 제작사 7곳은 최근 드론 규제에서 제외시켜 줄 것을 요청하는 청원서를 공식 제출했다. 일단 미 연방항공청(FAA)으로부터 긍정적인 반응을 얻어냈다. FAA는 "해당 업체들의 요청을 검토하고 있다."며 "할리우드가 드론 규제에서 제외된다면 분명한 경제적 이득을 볼 수 있다."고 밝혔다. 하지만 "안전과 관련된 문제는 가장 먼저 고려돼야 할 사항"이라며 "예외 규정이 적용되더라도 각각의 업체들은 개별적으로 인가를 받아야 한다."고 강조했다.

할리우드는 큰 기대감을 나타냈다. 닐 프리드 MPAA 부회장은 "드론은 영화나 TV 산업에 혁신적이면서도 안전한 촬영 기회를 줄 수 있다."면서 "이것은 이야기를 만들어내는 사람의 입장에서 창조적이고 흥미진진한 항공 촬영을 가능하게 할 것"이라고 말했다.

드론 사용을 원하고 있는 다른 산업 분야도 할리우드의 최종 인가 여부에 촉각을 곤두세우고 있다. 현재 할리우드 외에 농업과 정유업계 등도 상업용 드론 금지 규정에서 제외해달라고 요청한 상태다. 아마존이나 도미노피자를 비롯해 드론을 이용한 배송 시스템을 구축하고 있는 기업들도 FAA의 조속한 규정 마련을 고대하고 있다고 CNN은 전했다.

현재 미국에서는 상업용 목적이 아닌 취미용 드론만 400피트(약 121m) 이하로 비행이 허용되고 있다. 하지만 드론과 관련한 제반 규정이 아직 명확하게 확립된 것은 아니어서 현장에서는 혼란을 겪고 있다. 지난달 FAA가 드론을 띄워 버지니아주를 촬영한 비디오 촬영자에게 1만 달러의 벌금을 부과한 것에 대해 연방교통안전위원회(NTSB)가 부당하다고 판정하는 등 정부 기관끼리 판정이 엇갈리고 있다. 또 텍사스주의 한 수색·구조 단체는 FAA의 드론 사용 중단 명령을 무효로 해달라며 연방고등법원에 소장을 제출하기도 했다. FAA의 고민은 상업용 드론이 대형 항공기나 기타 유인비행기의 안전을 위협할 수 있다는 것이다. 지난 3월에는 실제로 플로리다 공항 인근에서 무인기가 여객기와 충돌할 뻔 한 사례도 있었다. FAA는 오는 11월까지 명확한 드론 안전 규정을 마련할 예정이다.

(국민일보 2016. 6. 7)

1) 드론을 이용한 항공촬영이 영화 제작자 입장에서는 창조적이고 흥미진진한 촬영이 가능하다고 합니다. 그 이유는 무엇이라 생각합니까?

드론을 활용한 촬영은 사람들이 갈 수 없는 절벽, 높은 곳과 같은 위험한 곳의 촬영을 가능하게 해주며, 영화 속 전체화면을 드론을 띄워 촬영할 수 있기 때문에 더욱 박진감 넘치고 흥미진진한 영상이 영화 관람객들에게 제공될 수 있다.

2) 아마존과 도미노피자는 시범적으로 드론을 이용한 배달 시스템을 구축하고 있다고 합니다. 이 외에도 드론을 활용한 배달 시스템을 구축하여 활용하고 있는 사례를 조사해 봅시다.

물류배송업체 DHL은 자동차나 비행기 뿐 아니라 드론도 배달에 활용하고 있다. DHL에서 개발한 파슬콥터는 '소포(parcel)와 헬리콥터(helicopter)를 합친 단어로 육지에서 12킬로미터 떨어진 독일의 한 섬에 의약품과 긴급구호물품을 전달하고 있다. 파슬콥터를 이용하면 배나 비행기로 물건을 운반하는 것보다 시간과 경비, 인력을 줄일 수 있다.

04 미래를 여는 진로 탐색

유사 직업 안내

촬영 기사

촬영기사는 카메라로 영상을 촬영하는 전문가를 말한다. 방송국에서는 보통 '카메라맨'이라고 부르기도 한다. 촬영기사들은 한 대 혹은 여러 대의 카메라를 다양하게 움직여서 방송 장면을 더 생생하고 더 예술적으로 만들어 준다. 우리가 찍은 비디오를 텔레비전 방송과 비교해 보면 뭔가 불안정하고 어색한 느낌이 들 때가 많다. 사람의 얼굴만 나오게 찍든가 아니면 배경만 멋있게 찍기 때문이다. 드라마나 다큐멘터리 장면에는 목적에 따라 사람과 배경이 조화롭게 담겨져 있다. 영상을 가장 멋지고 예술적으로 찍는 기술을 가진 사람들이 촬영기사이다.

촬영기사들이 일하는 곳은 방송국이나 각종 촬영장이다. 방송 연출가와 상의해서 어떤 모습을 촬영할지 결정하고 카메라의 움직임을 정한다. 카메라를 지지대, 레일, 크레인에 고정하기도 하고, 직접 어깨에 메고 이동하면서 찍기도 한다. 때로는 여러 대의 카메라를 사용해서 더욱 실감나게 영상을 촬영한다.

우리가 안방에서 깊은 바닷속이나 일 년 내내 눈이 녹지 않는 히말라야의 꽁꽁 언 빙하를 볼 수 있는 것은 특수 장비를 이용해 목숨 걸고 항공촬영, 수중촬영을 해 준 촬영기사들 덕분이다. 특히 촬영기사의 경우 8~12kg 정도 되는 카메라를 항상 가지고 다녀야 하므로 체력적으로 힘든 직업이다.

출처 : 스타뉴스 〈영화 '곡성' 촬영감독〉

또한 제대로 촬영하려면 아름다움을 판단할 수 있는 기본 소양이 있어야 한다. 따라서 영상물 제작 전반에 대한 지식도 필요하고, 방송에 필요한 각종 장비를 다루는 기술 역시 동반되어야 한다. 전문대학의 영상 및 방송기술 관련 학과에서는 촬영, 편집, 음향 등 제작 전반에 대한 이론과 실기를 공부할 수 있다. 또 프로그램 제작 실습도 병행하기도 한다. 전공이 아니어도 사설 학원에서 필요한 기술을 배울 수도 있다.

이렇게 능력을 키운 후 방송국에서 공개채용 때 응시하면 된다. 방송영상산업의 발전으로 취직할 곳은 비교적 많은 편이다. 실력만 있다면 프리랜서로 활동할 수도 있다. 최근 지상파 방송사와 케이블 채널에서 다양한 프로그램이 쏟아지고 있는데, 규모가 작은 제작사보다는 방송국에서 일하면 월급이 더 많고 안정적인 편이다. 또한 요즘은 방송뿐만 아니라 영화, 연극, 뮤지컬, 오페라 등의 공연이 활발하게 이루어지기 때문에 영상, 음향, 조명 등과 관련된 장비 기술자 일자리도 점점 증가하고 있는 추세이다.

드론개발자

하늘을 날고자 하는 사람들의 열망은 라이트 형제의 비행기 개발로 시작하여 이제는 조종사가 직접 타지 않고도 하늘을 나는 느낌을 맛볼 수 있는 무인기, 즉 드론에 대한 관심으로 이어지고 있다. 드론은 통신을 이용해 사람이 원격으로 조종하거나, 미리 입력된 좌표를 따라 스스로 비행하는 일종의 '비행 로봇'이다. 드론에 카메라 및 여러 임무 장치를 장착하면 사람이 직접 하기 어려운 일을 대신해 주는 만능 재주꾼으로 재탄생하게 된다. 드론은 지루하고(dull), 지저분하고(dirty), 위험한(dangerous) 일들을 인간 대신 해 줄 것으로 기대하고 있다. 조종사 없이도 하늘을 자유롭게 날 수 있기에 화산 같은 위험한 곳의 원격탐사, 방송 통신 중계, 항공사진 촬영, 환경 감시, 재난 구조 등 다양한 분야에서 그 활용도가 높이 평가되고 있다. 심지어 논밭에 드론을 띄워 병충해를 없애는 농약을 뿌리기도 한다.

이런 드론 시대에 주목받을 새로운 직업으로는 먼저 드론조종사를 꼽을 수 있다. 아울러 드론개발자, 드론설계사, 드론조립자, 드론 수리 및 정비사, 드론운영관리사, 드론활용기획자 등도 인기가 있을 것으로 내다보고 있다. 부가 산업으로는 드론 택배업, 드론 임대업, 드론 매니지먼트, 드론 이벤트업, 드론 보험사 등이 있다. 또한 무인 항공기조종 인증 전문가, 드론 항공교통 전문가, 드론 표준 전문가, 드론 자동화 엔지니어 같은 전문 직업이 생겨날 것이다. 이러한 추세에 발맞추어 드론만 전문으로 가르치는 대학이 생겨나고 있다. 우선 미국 피닉스의 무인 이동체 대학이 있다. 드론 관련 법규, 조종사 훈련 등을 배우고 실습도 한다.

우리나라에는 대경대 드론과, 한서대 무인항공기학과, 서울현대전문학교 드론영상학과가 있다. 항공우주 관련 항공학과에서도 드론 수업을 받을 수 있다. C언어, 운영체제, 인터넷 프로그래밍, 전자계산기 구조, 모바일 프로그래밍 등 소프트웨어 과목과 드론 조립 실무, 항공 법규, 비행 원리, 드론 비행 실습, 드론 무선 인터넷 등의 전공 심화 과정을 거친다. 드론 관련 자격증으로는 초경량비행장치조종사, 항공무선통신사, 드론교육지도사, 무인항공기조종사 등이 있다.

출처 : 포브스 (세계 최대 드론 회사 DJI의 프랭크 왕)

관련 단체 및 기관

　현재 한국예술종합학교 영상원과 한국영화아카데미를 비롯한 여러 대학에서 영화 연출과 촬영 교육 프로그램을 제공하고 있으나, 무인항공촬영감독은 무인항공기 조종과 카메라 조작 등을 결합한 새로운 응용기술 교육 프로그램이 요구된다. 최근 국내에서도 주식회사 헬리캠 등 무인항공 촬영과 관련한 서비스 업무를 제공하는 업체가 속속 생겨나고 있다.

- 뉴욕필름아카데미 영화촬영학교 https://www.nyfa.edu/cinematography-school/
- 미국영화촬영감독협회 http://www.theasc.com/site/
- 한국영화촬영감독협회 http://theksc.com/
- 한국영화아카데미 http://www.kafa.ac/#endCount=10
- 한국무인기시스템협회 http://korea-uvs.org/
- ㈜헬리캠 http://helicam.co.kr/